父母情绪自救指南

千万别在气头上管教孩子

[美] 卡拉·瑙姆伯格 著
Carla Naumburg
朱晔 译

HOW TO STOP LOSING
YOUR SH*T WITH YOUR KIDS

北京联合出版公司
Beijing United Publishing Co.,Ltd.

图书在版编目（CIP）数据

父母情绪自救指南：千万别在气头上管教孩子 /（美）卡拉·瑙姆伯格（Carla Naumburg）著；朱晔译. -- 北京：北京联合出版公司，2023.4
ISBN 978-7-5596-6513-3

Ⅰ. ①父… Ⅱ. ①卡… ②朱… Ⅲ. ①家庭教育—指南 Ⅳ. ①G78-62

中国版本图书馆CIP数据核字（2022）第249943号

Copyright © 2019 by Carla Naumburg
First published in the United States in 2019 by Workman Publishing Company, Inc.
Translation rights arranged by The Grayhawk Agency Ltd. and MacKenzie Wolf
All rights reserved.

Simplified Chinese edition copyright © 2023 by Beijing United Publishing Co., Ltd.
All rights reserved.

本作品中文简体字版权由北京联合出版有限责任公司所有

父母情绪自救指南：千万别在气头上管教孩子

[美] 卡拉·瑙姆伯格（Carla Naumburg） 著
朱晔 译

出 品 人：赵红仕
出版监制：刘 凯 赵鑫玮
选题策划：联合低音
责任编辑：蔚 鑫
封面设计：末末美书
内文排版：林海泓业

关注联合低音

北京联合出版公司出版
（北京市西城区德外大街83号楼9层 100088）
北京联合天畅文化传播公司发行
北京华联印刷有限公司印刷 新华书店经销
字数159千字 880毫米×1230毫米 1/32 8.5印张
2023年4月第1版 2023年4月第1次印刷
ISBN 978-7-5596-6513-3
定价：52.00元

版权所有，侵权必究
未经许可，不得以任何方式复制或抄袭本书部分或全部内容
本书若有质量问题，请与本公司图书销售中心联系调换。电话：（010）64258472-800

献给我的女儿们

——拜她们所赐，我那淑女的人设开始崩塌。

献给我的丈夫

——他总是那么淡定，无论我多么爱抓狂，他依然爱我如初。

致 谢

这本书得以出版，离不开下列人士的帮助与指导：出色的经纪人吉莉安·麦肯齐（Gillian MacKenzie）；沃克曼出版公司的玛戈特·埃雷拉（Margot Herrera）及其优秀团队，包括丽贝卡·卡莱尔（Rebecca Carlisle）、佩奇·爱德蒙兹（Page Edmunds）、丽莎·霍兰德（Lisa Hollander）、莫伊拉·克里根（Moira Kerrigan）、贝丝·利维（Beth Levy）、拉迪亚·孟德西（Lathea Mondesir）和艾丽莎·桑托斯（Elissa Santos）。此外，我还要对女儿所在学校的老师们深表谢意——多亏他们每天不辞辛劳地教导我的女儿们，我才有时间写作。

这本书变得如此丰富多彩，还要归功于下列朋友和第一批读者诚恳、睿智而又不乏幽默的反馈：蕾切尔·巴巴内尔-弗里德（Rachel Barbanel-Fried）、玛伊姆·拜利克（Mayim Bialik）、戴夫·卡特勒（Dave Cutler）、凯思琳·佛林顿（Kathleen Flinton）、亚历克斯·麦克亚当（Alex

McAdam）和凯特·罗普（Kate Rope）。

感谢超棒的写作教练丽莎·特纳（Lisa Tener），她帮我草拟了出版计划书。我还要感谢治疗师希瑟（Heather）每周二下午竭尽全力帮助我，让我的身体得以支撑到周六。如果没有社交媒体团队耐心解答我的随机提问，比如关于 20 世纪 90 年代的电视节目和各种含有咖啡因的饮料，我将无法挺过这么漫长的写作过程。我还要感谢我家的猫咪，它们毫不在意我写的是什么书，只是不离不弃地陪伴在我身边。

我很幸运拥有超棒的社会支持系统。我深爱了不起的妹妹丹妮拉·希尔弗斯坦（Daniela Silverstein），她陪我一起经历风风雨雨。我还有许多亲爱的朋友，包括玛拉·艾瑟尔－格林（Mara Acel-Green）、蕾切尔·菲什（Rachel Fish）、蕾切尔·皮特尔（Rachel Pytel）和阿里·沃尔夫（Ali Wolf）。

最后（并非最不重要），我要向我的丈夫和女儿们表示感谢，为了你们给我的一切。你们就是我的一切。

目录

前言
是时候不再抓狂了   001

父母情绪失控的六个真相   003

为什么你还没学会淡定   006

第一章
为什么父母爱抓狂   017

如何知道自己是不是正在情绪失控   019

不抓狂意味着什么   026

为什么不要经常乱发脾气   027

为什么不发飙那么难   031

为什么养育孩子那么难   038

为什么身处困境容易情绪失控   049

神经系统与情绪失控的关系   054

小 结   059

第二章
我是如何做到不再经常崩溃的   061

    我为什么会情绪失控   065

    我究竟是如何变得淡定的   073

第三章
了解你的情绪按钮和情绪触发器   081

    情绪触发器和情绪按钮须知   089

    识别你的"症状"   092

    最常见的情绪触发器   095

    你现在究竟该做些什么   098

第四章
少做一点,脾气会更好   103

    如何做好减压练习   107

    丈夫让我别洗碗   112

    "一心多用"的误区   115

    如何停止"一心多用"   118

    如何让"一心一用"变得更简单   123

    放下该死的手机   125

第五章
必修的减压练习 — 131

- 睡眠充足 — 133
- 寻求支持 — 139
- 自我关怀 — 152

第六章
选修的减压练习 — 159

- 简化生活 — 161
- 别想太多 — 171
- 伸展身体 — 174
- 保持安静 — 177
- 放慢脚步 — 178
- 感恩 — 180
- 深呼吸 — 181

第七章
与孩子保持一定距离方能岁月静好 — 185

- 如何与孩子保持一定距离 — 191
- 与孩子在一起时，如何保有心智空间 — 193

第八章
如何不抓狂的终极策略   199

   觉察   204

   暂停   216

   随便做点别的   218

第九章
情绪风暴过后   225

   情绪风暴过后该做些什么   230

   自我关怀   231

   心怀好奇   232

   重归于好   236

附 录
控制情绪，少发脾气   245

   全书要点与实践技巧总结   246

   超长的潜在情绪触发器清单   251

   能让人少抓狂的超棒育儿书单   260

前 言

是时候不再抓狂了

父母情绪失控的真相

这不是你的错

你可以学会心平气和

瞧！你又冲孩子大发雷霆了。你怒不可遏，冲孩子大吼大叫。你比你以为的更容易烦躁不安、反应过度。你心里清楚自己想成为什么样的父母，也很想变得更冷静、更理智，但不管你怎么努力，还是会乱发脾气。

虽然我对你本人、你的家庭和你的发飙风格一无所知，但我可以告诉你六个真相，让你减轻羞愧感，更好地控制自己的情绪，不再乱发脾气。

父母情绪失控的六个真相

1. 为人父母实属不易。 为人父母对任何人来说都很难。真的，每个人都如此——就连那个看似完美的妈妈也一样，她总是开着一尘不染的厢式旅行车，手里拿着脱脂拿铁咖啡，站在校门口接送区域最前方等候孩子。父母难当的原因有很多，有的与父母自身有关，有的与孩子有关，有的则不明原因、莫名其妙。

2. 任何父母都有抓狂的时候。 每个人都有情绪失控的时候，只不过有的人更频繁些，有的人动静更大些，有的人更公开些。在这个问题上,你可以百分之百确信自己不是个例。几年前,《纽约时报》有篇文章把"吼孩子"比作"新式打屁股",并称我们这代父母为"吼叫一代"(a generation that yells)。

3. 与你想的相反,你可能并未毁掉孩子。 别误会,父母情绪失控当然于己于人皆不利。这一点你心里清楚,但你可能不知道人类比我们想象的更坚忍。许多人是由脾气暴躁的父母养大的,但他们长大后也成了身心健康、有成就的社会成员,只是对本杰瑞冰激凌(Ben&Jerry's)[1]有轻度到中度的上瘾罢了。这意味着你可以放下纠结已久的内疚、焦虑和羞耻,可能也不需要急于为孩子的心理治疗买单。

4. 即便如此,情绪失控总归是件糟糕的事。 它让每个人都筋疲力尽,觉得糟透了。它还会给孩子造成很大压力,导致亲子关系紧张,也让你对自己的育儿能力产生怀疑。情绪失控会消耗你宝贵的时间和精力,不仅无助于问题的解决或避免事情再次发生,还会让你离心目中理想父母的形象越来越远。最要命的是,你的所作所为正在给孩子树立反面榜样,而那些行为恰恰是你不希望在孩子身上看到的。

5. 这不是意志力的问题。 许多父母以为,只要下定决心不乱发脾气,就能咬紧牙关不发飙,冷静度过艰难时刻。虽然有的人有时能做到,但意志力并不像人们想象的那么可靠

---

[1] 美国著名冰激凌品牌,以口感香醇和口味新奇而闻名。——编者注

或可预测。所以，当你觉得没有力量去掌控自己的情绪时，请牢记这与力量或意志力无关。你要做的是找出情绪失控的原因，并掌握有效应对的技巧与策略。

6. 你可以学习如何大幅减少乱发脾气的次数，以及如何在情绪失控后迅速恢复常态。 当然，这不可能在一夜之间发生，你必须付出努力。但是，人们常说最美好的事物都来之不易，而且随时有可能被你的孩子给破坏了。所以，你不必追求尽善尽美，只需比现在更好就行了。

现在可能是一个提醒的好时机：如果你指望读完这本书就永远不会再乱发脾气，否则就让我全额退款，那是不可能的。好消息是，对你、我和其他不完美的父母来说，如果想培养出一个比我们稍好些的孩子，那我们不必为了更清醒、更理智地对待孩子而修炼成高僧。话虽如此，每当你设法保持冷静不发飙时，你就给自己创造了喘息的空间，能让自己深思熟虑后再做出回应，用你想要的方式来养育孩子。

幸运的是，要做到这一点也不难，你不必让生活彻底翻转，无须聘请"超级保姆"，也不必花大价钱参加诸如"27步计划"之类愚蠢的培训（你做不到三步就会落荒而逃）。我将通过一些简单的说明，让你明白需要做些什么才能不再乱发脾气。书中推荐的生活习惯和减压练习，不仅可以帮助你成为更淡定、更有耐心的父母，还能让你更幸福、更有效率，更好地掌控自己的人生。

当你的情绪按钮被按下时，你该如何保持冷静，不大吼大叫呢？这可能不是你第一次读这种书，但我猜那些建议没什么用，否则你也不会拿起这本书了。我非常理解你的感受。我也读过无数文章和位居榜单前十的畅销书，并不仅仅是为了写作本书才研读的。我第一次查找这种资料是在几年前一个特别糟糕的夜晚。当时我把家里的两个"小霸王"放在电视机前，让她们看动画片《小老虎丹尼尔》（*Daniel Tiger*），然后花了大约 22 分钟在谷歌搜索"如何不再对孩子大吼大叫"。要知道，我拥有临床社会工作博士学位，可那时候还不是惨到要去网上盲目求助？如果你也为这个问题感到不知所措，那你绝不孤单。

为什么你还没学会淡定

（剧透：这不是你的错）

以我的生活经历和专业经验来看，许多建议对大多数父母并不奏效，原因如下：

❤ 很多书的篇幅太长，大多数父母根本没有时间、精力或欲望去耐心读完。我保证本书言简意赅。

❤ 有些建议要求父母和孩子遵循不切实际的标准和做

法，那些东西也许在理论上看起来很棒，但在现实生活中根本无法实施。当这些建议未能奏效时，就不免让人沮丧，随后放弃努力。作为一名在职妈妈（我有两个女儿，一个8岁，一个10岁），我可不会把自己做不到的事情写进书里。我在此重申：好父母不必尽善尽美。其实，你越追求完美，就越容易情绪失控。这一点确实挺讽刺的，真让人无奈。

❤ 大多数建议只针对发飙那一刻，通常是告诉你应该做什么，比如要压制怒火。我觉得这些都是空洞的"早该如此"的大道理。谁都知道不该大吼大叫，应该先做10个开合跳或14次深呼吸，但问题是，如果你能做到，肯定早就去做了。显然你需要换一种思路，关于这一点我会在书中讲到。

❤ 有些建议并不适合你或你家的情况。我曾读过这样一个建议——想训斥孩子时就冲马桶吼叫。这个方法或许对那位作者管用，但当时我的小女儿还包着尿布，大女儿正处于如厕训练的痛苦煎熬中，我最不愿面对的就是家里的马桶。所以，我在本书提到的建议兼具普适性和灵活性，可根据个人喜好与风格进行调整。

❤ 最后，很少有人告诉我们情绪失控后该做些什么（无论我们怎么努力，情绪失控也在所难免）。在现实生活中，父母发飙后对待自己和孩子的方式有好有坏。只有采取有效的策略，才能帮助你更快地平复情绪，并避免在短期内再度爆发。我在书中会详细讨论这些策略。

> **消消气**
> 好父母不必尽善尽美。

重要的一点是,如果你还无法做到不乱发脾气,那不是因为你是失败的父母,也不是因为你为人处世或为人父母有问题。记住这点很重要,我要用黑体字重申一遍:**你不是"坏父母"**。养儿育女本来就很艰辛,感到烦躁甚至崩溃是人性的常见表现,你只是还没获得恰当的建议与支持,我坚信你能做得更好。

为什么说天下没有"坏父母"

有人认为"坏父母"的确存在,他们行为恶劣,经常殴打、威胁、羞辱或忽视孩子。你可能觉得自己就是这样的父母。不管你怎么想,我从来不会把任何人称为"坏父母",因为这么做毫无意义。一个人一旦被贴上这样的标签,就会走投无路,无法踏上改变与疗愈之路。所以,与其说他们是"坏父母",不如说"可怜天下父母心"——这种父母为数众多,苦于得不到可靠的信息、资源与支持。让我们心怀同情,一起思考未来的出路吧。

第一步：了解自己为何会情绪失控

首先，你需要弄清楚究竟什么是情绪失控，为什么会频繁发生。简单来说，就是你的情绪按钮被按下了。若想了解得更详细些，就要问你为什么会有那么多情绪按钮，为什么养儿育女让它们变得那么敏感，被按下后究竟会发生什么。

想了解这个过程，就需要进入你的大脑和身体一探究竟。一旦了解是什么刺激了你的神经系统，这些触发因素如何导致你情绪失控，你就明白情绪失控既不代表你道德沦丧，也不源于你性格软弱，而是正常的人类心理机制，一旦人们的情绪按钮被按下，就会引发战斗、逃跑、僵住或崩溃的本能反应，即使这种反应于事无补。幸运的是，一旦了解正在发生什么及其背后的原因，你就能获得更多掌控感，减少不必要的羞愧感，更有力量和武器去对付狂躁的大脑，不至于每次在情绪失控时都被它击垮。

第二步：掌控自己的情绪按钮和情绪触发器

我们首先来讨论什么是情绪按钮和情绪触发器。在本书中，情绪按钮是指人们的神经系统，而情绪触发器是指任何会刺激神经系统，使情绪按钮变得更大、更亮、更敏感，也更容易被孩子按下的事物。请记住，孩子一定会去按你的情

> 消消气
>
> 情绪触发器是指任何会刺激神经系统，使情绪按钮变得更大、更亮、更敏感，也更容易被孩子按下的事物。

绪按钮。从人类的遗传基因、自然进化、生理特点、成长规律、亲子关系、心理机制到情感需求，都决定了孩子绝不会放过任何一次机会，总爱将蠢蠢欲动的小手伸向你的情绪按钮。所有孩子都会下手，只是有些孩子动作更狠、更快而已。这并不是因为孩子真心讨厌你，只是因为他们是你的孩子。

许多育儿书关注的是如何阻止孩子伸手去按那些情绪按钮。严格来说，父母确实应该教育孩子管好自己的小手，但这并非情绪管理的最佳策略。父母如何能将自己的理智寄托在会舔墙壁或像吐司一样摊在地上的小孩身上呢？我认为这样行不通。

一个更好的方案是去了解自己的情绪按钮，弄清楚它们会被什么（即情绪触发器）点亮，又该如何将它们掐灭。这个方法简单明了，不仅对育儿有益，还有助于改善生活的方方面面。不过，要做到这点并不容易，尤其是那些整天忙得人仰马翻的父母更需要喊喊加油。不过，为人父母的你已是百炼成钢，我相信你一定会不畏艰难勇往直前。

第三步：平复情绪

只要你稍微了解引发情绪失控的情绪按钮和情绪触发

孩子为什么会去按情绪按钮

有很多原因导致孩子按下父母的情绪按钮。有时孩子是为了获得关注，想得到自己想要的东西，只是他们还不够成熟，无法控制自己的冲动。有时孩子就是很幼稚，整天吵吵闹闹，惹是生非。此外，孩子受到激惹时也很容易去激惹别人，特别是当他们感到疲劳、饥饿、困惑、害怕、兴奋、焦虑，或受到各种强烈情绪的影响时。在这种情形下，你应该帮助孩子冷静下来，给他们一些食物或安抚。你这么做也是在以身示范，教孩子如何应对自己的情绪触发器。但你应该记住，你这么做的目的并不是让孩子再也不去按情绪按钮，而是一遍又一遍地教导他们如何觉察自己的情绪触发器，并用适当的策略加以应对（这正是本书意在教会各位父母的）。同时，你也要学会管理好自己的情绪按钮，让它们不那么容易被按下。

器，就可能会取得显著进步。一旦明白什么情况或经历会对神经系统产生刺激，你就不会那么容易被激惹了。当然，那是特别理想的情形，对大多数人来说，仅仅了解这些知识还是不够的，还需要学习如何让自己的情绪按钮变得不那么显眼和敏感，尽量减少被按下的可能。那通常被称为"自我关怀"（self-care），不过，许多父母觉得这个词有点别扭，所以我在书中称之为"为避免情绪失控不得不做的事情"。那些事情并不复杂，你无须时刻做到完美，毕竟这不是马拉松训练。下次小家伙不肯好好吃晚饭，可是 20 分钟后又闹着要吃零食时，也许你可以表现得更有耐心一点。

第四步：控制情绪少发飙

你越能控制情绪、保持理智（也就是管理好自己的情绪按钮并减少情绪触发器），就越不容易冲孩子乱发脾气。

但是（凡事都有"但是"），每个人或多或少会有一些情绪按钮，你知我知，相信孩子也心知肚明。他们对你的情绪按钮了如指掌，甚至比对他们手里的平板电脑还熟悉。只要他们不在屏幕上指指戳戳，可能就会来找父母寻衅滋事了。在这种情况下，你有两个选择——发飙或者做点别的。

我猜你也很想知道"做点别的"究竟是什么内容，不然你也不会读这本书了。保持冷静的秘诀就是自我觉察（self-awareness），也就是注意到自己即将情绪失控，并找机会让自己冷静下来。这种觉察可谓一门绝技，只有当你有所觉察，才有可能做到那些"早该如此"的事情。如果你能意识到肩膀开始变得僵硬、胸口开始发闷（还好，熊孩子刚刚穿上鞋），那就不太会发火了。相反，如果你无法及时觉察到自己正处于情绪失控的边缘，就做不到适时退后几步，让自己冷静下来。

一旦你意识到自己已经或即将陷入"全面崩溃"模式，就可以按下"暂停键"，然后切换到"做点别的"模式。重点是要牢记两点：（1）觉察是一种可以不断精进的技巧；（2）你可以随时进行觉察、暂停和转向——即使你已经开始发飙——这丝毫无损你的权威形象，既不表明你被打败了，你也无须担心自己在孩子或其他人面前看起来很糟糕。

相信我，你一定能做到！我会教你如何做，只要稍加练

消消气

> 如果你无法及时觉察到自己正处于情绪失控的边缘，就做不到适时退后几步，让自己冷静下来。

习（别担心，你家熊孩子会给你创造很多练习机会），你一定能驾轻就熟。

第五步：情绪失控后如何收场

虽说你可以熟能生巧，但你未必能实现尽善尽美（你应该牢记一句箴言："力求完美反而会搞砸。"）。人们时不时会感到烦闷、焦躁甚至崩溃。每当这种时候，也许你很想假装什么都没发生，但我不建议你这么做。模棱两可的态度只会让孩子感到困惑，也会让你更加混乱，也更容易再度情绪失控。

其实，你还有不少选择，它们能帮助你在每次大发雷霆后慢慢恢复平静、修复亲子关系，在下次受到激惹时可以保持镇定。这里有两个不错的方法，哪怕你只掌握了一个，也能快速驱散笼罩在头顶的阴云。

你可以对自己有点同情心，或者对发生了什么抱有好奇心，这两个方法都是不错的选择。我的意思是，这至少比灰心丧气好得多。在脑海中历数自己的罪状，臆想自己对孩子实施的各种精神折磨，你甚至还想到好几个类似的恶劣案例，就算自己一时想不出来，社交媒体也会瞬间帮你脑补。你知道吗？这种恶性循环只会带来更多问题。首先，你会变得越发悲观消沉。其次，这很容易让你再度情绪失控，与你努力的方向背道而驰。在这种情形下，自我关怀不仅有助于你平复心情，还能有效避免你再度情绪失控。关于自我关怀的作用，我将在第五章深入探讨。第九章会详细介绍如何运用自我关怀与好奇心快速有效地调整心态、稳定情绪，让你在情绪失控后尽快恢复常态。希望读到这里你已初步了解本书的意图。也许你很想跳过那部分情绪按钮和情绪触发器的内容，直接去翻阅第八章《如何不抓狂的终极策略》，请别太心急。设想一下，如果你三天没合眼，老妈不断打来电话，而你还在为这个月欠的房租烦心，这样的时刻是不可能保持冷静的。但是，当你清晰地梳理自己面临的困境，并开始着手解决具体问题时，就会变得头脑清晰、情绪良好了。此外，当你学会觉察自己正濒临崩溃的边缘，才有可能及时挽救自己，至少在下坠时能有个缓冲。

最重要的一点是，切记你不是个例。对任何人来说，育儿都非常艰辛，但你一定能做好，本书会帮助你。

消消气

其实，你还有不少选择，它们能帮助你每次大发雷霆后慢慢恢复平静、修复亲子关系，在下次受到激惹时可以保持镇定。

第一章

为什么父母爱抓狂

为什么停止发飙那么难

你需要补一点脑科学知识

首先，我们要明确到底什么是情绪失控。成年人都有崩溃的时候，但不同的人表现可能略有不同。总之，这个概念很难清晰地定义，但你是不是情绪失控了，旁人总是一眼就能看出来。

如何知道自己是不是正在情绪失控

在大多数情况下，情绪失控有几个共同点，我们不妨将其总结为"FART"（由Feelings、Automatic、Reactive、Toxic四个英文单词的首字母组成）。这个缩略词听起来像是"放屁"[1]，这恰好说明情绪失控是一种非常普遍的现象。情绪失控和胃肠道胀气一样，是一种完全正常而又令人不适的身体状态，每个人都经历过（尽管有些人假装从来不会乱发脾气）。若适当调整生活方式，我们也可以减少胃肠道胀气，但它还是时不时会发生。如果我们能觉察到胃肠道胀气的症状，就可以采取措施，缓解不适。我要抓住一

---

[1] 这个缩略词（FART）在英文中的意思是"放屁"。——译者注

切机会提醒你，育儿问题严肃到不能用太严肃的眼光来看待。所以，现在我们来谈谈到底什么是"FART"吧。

具体来说，父母情绪失控主要有以下几个常见的特征：

情绪（Feelings） 所谓情绪失控，并不仅仅指生气或愤怒，任何大悲大喜的情绪都可能让人崩溃，其中包括几乎所有强烈的情绪，比如恐惧、悲伤、困惑、无助、紧张、恼怒、焦虑、难堪、内疚或羞耻。一些正面感受也可能引发情绪失控，许多父母就曾见过孩子从放声大笑转为痛哭流涕。父母大悲大喜的情绪有时源于孩子胡闹，有时并非如此。我们有时能意识到自己的情绪，有时却毫无察觉。你需要记住两点：（1）崩溃是一种情绪反应，而不是理性反应；（2）我们对情绪的控制远不如自己以为的那样。我们无法迫使自己产生某种特定的感受，只能去留心觉察自己真实的感受，并选择如何应对。

自发的（Automatic） 切记，绝大多数情绪失控既非自知自觉，也非有意为之。当你好不容易结束一天的工作回到家里时，绝不会想着："哼，我的压力太大了，今晚我要好好教训一下孩子出出气。"所以，在绝大多数情况下，情绪失控是无意识的过程，完全超出个人的掌控。它可能与你童年时父母冲你发脾气的做法有一定关系。正因如此，我们才做不到痛下决心就能立刻改正。情绪失控是一个人身心发育、神经系统与生物学特征共同作用的结果，并不

> **消消气**
>
> 我们无法迫使自己产生某种特定的感受，只能去留心觉察自己真实的感受，并选择如何应对。

是遵循逻辑的理性判断。

反应性（Reactive） "反应性"一词有两层意思。第一层意思，它是指我们会对一些事情做出言语或行为的反应。要不是有些事情惹毛我们，我们是不会无缘无故发火的。有时发飙的原因是显而易见的，可以清晰地画出从被激惹到崩溃的脉络。但有时我们自己都不知道为什么会发火，没准是因为五分钟前、五个小时前甚至五年前的某件事情，而且压根和孩子无关。无论是什么事情，无论发生在何时，你都应该找出给你造成不快反应的缘由。如果你知道自己很讨厌5月，因为你曾在某年5月做过流产手术，那你就应该在这段时间格外悉心照顾自己。如果你明白疼痛的白齿会让你一辈子不舒服，那你就会下定决心走进牙科诊所。

"反应性"的另一层意思是**指我们面对真实的或感知的**

危险时会迅速采取行动。人类演化至今，无论是大脑还是身体的机制都能保护我们免受物理威胁的伤害。可惜如今人类的压力大多源于情绪或心理层面，而不是生命受到威胁。人类的大脑和身体尚未适应这样的变化，我们在压力下还是会仓促做出过激反应。此外，我们的大脑常常无法正确分辨"严重的问题"与"琐碎的小事"，时常为一些鸡毛蒜皮的小事感到焦躁不安，甚至大为光火。

有毒的（Toxic） 还记得上次你家熊孩子在街上乱跑，或者差点摔下楼梯的情景吗？在那一刻，你肯定感受到了某种强烈的情绪，促使你自发做出反应，比如大吼一声，或者猛地一把拽住孩子的胳膊。也许你喊得特别大声，或者下手格外用力，但这些都不是失控的表现，而是你的神经系统在某种潜在的危险情境下做出的正常反应。这种情况不是"有毒"的，不一定会伤害亲子关系。也就是说，你的做法也许有些过分，但还不至于过激。

"有毒的"情绪爆发往往是难以预测的，还会小题大做，通常伴有愤怒的言辞、激烈的肢体动作、人身攻击、羞辱与责怪。那一刻的感觉是歇斯底里。每当你受到激惹时就会出现这类有害的情绪爆发，再进一步激惹身边的人。这方面的例子数不胜数，比如孩子弄撒了麦片，你就忍不住大吼大叫；孩子穿鞋太磨蹭，你就暴跳如雷；孩子忘记做家庭作业，你就马上一顿训斥。这些反应性的情绪爆发

"最毒的"情绪爆发及其对策

冲孩子发飙的方式形形色色,但有些确实比较糟糕。侮辱与威胁孩子尤其有害,任何形式的身体攻击与暴力也同样恶劣,包括殴打孩子、扇耳光、打屁股或者砸东西。也许这源于你幼时的成长经历,或者是你一贯的养育方式,或者是你第一次这么做,但无论如何,如果你家出现了上述情况,请立即停止。首先,请不要过于自责或自我羞辱。没错,这确实是个严重的错误,但你必须尽快原谅自己、善待自己,才能得到有益的帮助,并真正做出改变。要知道,你并不是唯一会打孩子的父母,当然这并不代表你可以一直这么做。我知道你完全可以做得更好。也许你一个人还没办法做到,但这并不意味着你是失败的父母,你只是暂时力不从心罢了。第一步,找一个值得信任的人谈一谈,可以是朋友或家人,可以是医生、心理咨询师或治疗师,也可以是牧师、神父或其他神职人员。这样的谈话未必轻松愉快,却很有必要。你一定可以做到!

都可能影响或破坏你与孩子的感情。

此外,长期紧张和压力会扰乱大脑与神经系统,让你更容易受到激惹。因此,你不仅应该努力减少乱发脾气的

> 消消气
>
> "有毒的"情绪爆发往往是难以预测的，还会小题大做，通常伴有愤怒的言辞、激烈的肢体动作、人身攻击、羞辱与责怪。

次数，而且在每次发飙后要设法修复亲子关系，这一点非常重要。

让我们总结一下：情绪失控的特征可以总结为"FART"。具体而言，那一刻总是伴随着强烈的情绪，行为是自发的、反应式的、"有毒的"。说到行为表现，我并不在意你究竟是突然大声吼了孩子，歇斯底里地乱发脾气，用力地摔门而去，或者只是骂骂咧咧地生闷气，把自己关在别的房间里。每个人发脾气的方式不一样，强度也因人而异，与其纠结具体的行为，不如关注行为背后的普遍特征。我曾见过沉默不语、怒目而视的做法，其杀伤力并不亚于摔电视遥控器。有时候，威胁性的冷言冷语堪比克林特·伊斯特伍德[1]经历的枪林弹雨。

---

[1] 克林特·伊斯特伍德（Clint Eastwood）是美国电影导演与著名演员，以其坚强冷峻的西部牛仔形象著称。——译者注

大多数人情绪失控时常常会表现出一些习惯性做法（比如怒斥、尖叫或摔门），所以你应该弄清楚自己在这种时候究竟会有哪些行为表现，因为你唯一能控制的就是这些行为。

如果你在认真阅读，上面那句话应该会让你感到有些意外。我刚在前文提到过，我们**无法**控制自己的情绪，一时的发飙都是自发性反应。但这里我又提到，我们**可以**在情绪爆发时控制自己的行为。如果这一切都是自发的，那我们该如何控制自己呢？

这也是整本书试图阐明的内容。别担心，整本书都不会简单粗暴地建议你"保持冷静，别发脾气"。如果真的能做到这一点，那你我早就做到了，此刻我们应该手捧香茗，刷着网飞[1]的热门剧集，而不是翻着书页苦苦求助。在这本书里，我将教你如何识别并有效管理自己的情绪触发器，让情绪按钮保持平静，并及时察觉自己濒临崩溃的边缘，这样才能减少乱发脾气的次数，不至于对孩子造成过度伤害。我还会教你发飙后如何平复心情、修补创伤，避免重蹈覆辙。

你应该已经了解"情绪失控"的意思，接下来我将谈谈情绪没有失控的表现。

---

1 网飞（Netflix）是美国一家流媒体播放平台，可供观看许多热门影视作品。——译者注

> **消消气**
>
> 我曾见过沉默不语、怒目而视的做法，其杀伤力并不亚于摔电视遥控器。

不抓狂意味着什么

有些人认为，情绪失控的反面就是泰山崩于前而色不变，云淡风轻，气定神闲，从来不和孩子发生任何形式的冲突。他们认为，这意味着你每时每刻都幸福满满，耐心十足，无论孩子多么调皮捣蛋或任性乖张，都能做到和颜悦色，真是母慈子孝、岁月静好。可这不过是种一厢情愿的完美想象，显然不适用于这个星球上平凡如你我的父母。

有冲突、分歧、不快甚至一些强烈的情绪是正常的、合理的、可接受的。**这并不意味着你做错了什么**。与人朝夕相处——即使是你深爱的人也未必处处令你满意——本来就不是一件容易的事。如果其中一个长期肩负着巨大的压力，而另一个还是心智不成熟的小孩，那么日常的磕磕碰碰就更是在所难免了。作为一名临床社会工作者，相较于那些承认家庭存在矛盾的人而言，我反而更担心那些声称家里从来不吵架的人。

你完全可以感受到强烈的情绪，但又不至于乱发脾气。你可以深深地感到愤怒、恐惧、悲伤或困惑，但又不至于达到"有毒的"程度。你可以让孩子知道你正怀着强烈的情绪，但又不会冲他们发飙。

不抓狂，意味着你拥有较强的自我觉察能力，能够注意到内心与身边发生的变化，有意识地做出选择来保持镇定，或者在做出反应前紧闭嘴巴——即使你不知道下一步该怎么做。熊孩子的所作所为可能惹人不快、令人讨厌，或者只是看着糟心却又无能为力，你可能完全不知道该如何应对。但有一点是肯定的，相较于暴怒之下做出膝跳反射那样的简单反应，冷静状态下做出的选择一定效果更佳，也更容易让人接受。

为什么不要经常乱发脾气

这个道理看似显而易见，但这些年来我与许多父母交流过，发现他们并没有真正理解乱发脾气的坏处。所以，在此有必要做一番讨论。

这对自己没有好处。 每次发脾气都会导致神经系统高度紧张，应激激素飙升，给身体的各个部位造成负面影响。如果经常这样，长期压力会导致血压升高，免疫力低下，容易出现偏头痛和睡眠问题。经常发脾气及其带来的压力会导致长期的健康问题，其负面影响并不仅仅体现在身体方面，还会逐渐影响大脑功能。你朝孩子发脾气的次数越多，大脑中有关发飙的神经通路就会越强大，你就越容易情绪失控。

经常发脾气还会影响你与孩子的关系，这可能也是你选择这本书的首要原因吧。你不妨回想一下上次在孩子面前情绪失控的情形，一定很不好受吧？情绪失控本就是一种可怕的经历，会让你觉得羞耻、焦虑、孤立无援。每一次发飙都会损伤你的自信心，让你对自己教育孩子的能力产生怀疑。说到底，情绪失控不仅损害亲子关系，还会严重挫伤为人父母的自我意识。

这对孩子没有好处。上文提及的各种负面影响不仅会伤害我们自己，对孩子的伤害其实更大，因为他们的大脑和身体尚未发育成熟，更容易受到应激激素的伤害。

父母乱发脾气可能会让孩子感到焦虑、羞耻、恐惧和疏离，不利于他们学习和吸收新知，不愿去尝试新鲜事物（比如品尝餐盘里的新食物，或者去新学校上学），还会影响他们的日常表现。父母发飙会使孩子感到强烈的不快，这会成为他们的情绪触发器，让他们也难以控制自己的情绪，甚至崩溃。

父母的行为就是孩子的榜样，哪怕有时父母并不希望这样。父母每一次发飙都在无意间塑造着孩子的大脑与神经系统，导致他们在受到激惹时也以同样的方式爆发。无论是发生在学校还是家里的大小事，甚至只是他们小脑瓜里的一些想法，都有可能惹得他们乱发脾气。父母不希望孩子乱发脾气，自己却做出错误的示范。父母正在塑造一种不良的亲子关系，但内心深处并不希望孩子将来重蹈覆辙。（补充说明：正因如此，这个问题才令你困扰。如果父母在你小时候经常冲你发脾气，那你长大后遇到压力时也会做出类似的反应。所以，现在你应该破除这个代代相传的魔咒了。）

淡定的父母才能培养出淡定的孩子。父母的气质类型和能量水平决定了家庭氛围。每次发飙会使家里充满紧张气氛，让家人感到筋疲力尽，家庭关系也会出现裂痕。相反，父母越淡定，孩子可能会越冷静。我并不是说父母对孩子的行为方式与能量水平负有百分之百的责任，因为没人能像绝地武士那样用意念来控制别人。如果父母能管理好自己的情绪，不给熊孩子火上浇油，那么整个家庭就会有显著的变化。

说了这么多，我该说点发飙的吸引力了。它见效快，方法简单，且无须费力思考。说实话，我们有时候会觉得

消消气

> 每一次发飙都会损伤你的自信心，让你对自己教育孩子的能力产生怀疑。

吼孩子的感觉挺爽，有立竿见影的效果。可惜这种效果只能维持几分钟。如果父母经常大吼大叫地训斥孩子，孩子可能会听话，不再惹你生气了，但他们在你身边时会变得战战兢兢，我敢说也不会尊重你。等他们渐渐长大，有了一定的自主能力后，就会开始反抗你，正如唯唯诺诺的员工对待不可理喻的老板一样——回避，回避，再回避。当他们切断与你的联系，你想教育他们就难上加难，而且毫无乐趣可言。尽管你们还有可能重建亲子关系，但还是尽量不要走到那一步为好。

教育的基础是相互信任，这对孩子来说尤为艰难。孩子与生俱来就依赖和信任父母，这让他们觉得安全。当父母冲孩子乱发脾气时，他们往往会责备自己，因为他们很难质疑养育和照顾自己的人。长此以往，孩子不仅对他人的恶劣行径见怪不怪、习以为常，还会为他人的恶习而责怪自己。

不过，还有另一种可能。我们会尊重自己信任的人，也就是那些待我们友善、诚恳的人。当我们尊重某人时，就想帮助他，让他开心，就算派对再热闹也想按时回家。（好吧，这不是真话。孩子压根不想离开派对，但他还是会乖乖回家。不仅如此，他还会告诉你某个家伙想让他抽大麻，但他没那样做，因为他知道自己如果浑身酒气走进家门会挨骂。）

事实上，孩子从父母的行为中学到的东西远比从言语中学到的多。他们的小脑瓜未必能分辨父母哪些行为是理性思考的表现，哪些行为只是一时冲动的失控。每一次情绪失控都是在进行反面教育，父母那些最不应该被学习的糟糕言行会改变孩子的大脑，让他们也变得容易情绪失控，而不是镇定自若。

为什么不发飙那么难

若想纠正某种行为，首先要了解这种行为背后的原因，这是人类大脑的自然倾向。人类大脑喜欢精彩的故事，因为故事不仅能让我们更好地理解自己的经历和周围的世界，还能让我们与自己、朋友乃至整个社会连接在一起。故事不仅讲述了我们自身的处境与经历，还能作为指引生活的蓝图，一个好故事甚至能帮助我们找到前进的方向与路径。

可惜不是所有故事都对我们有益。有时，大脑在情急之下会胡乱拼凑。有些说法既不真实，也无益处，但我们却轻易相信。在缺乏准确信息的情况下，大脑甚至会胡编乱造。小孩子就经常这么做。就在几天前，小女儿告诉我，她之所以打姐姐，是因为她恰好想起一则猴子乱扔香蕉的笑话，然后她的胳膊就不由自主地挥出去，刚好砸中姐姐的鼻子。显然，这纯属胡扯。这孩子自己也不知道为什么会打姐姐，她才8岁，当然不会解释说"妈妈，我大脑中用来控制冲动的那个部分还没发育成熟，这才打姐姐"，只能给我讲个故事。其实，我们的大脑也一直在给我们讲故事。

好在大多数父母不会轻易相信孩子编造的鬼话，因为小孩多多少少有点神神道道。遗憾的是，我们往往会相信大多数成年人尤其是以下三种人的辩解：一是那些身穿制服或有着花哨头衔的人；二是喜欢在社交媒体大肆宣扬的人；三是我们头脑中那个人。我们很容易相信自己编造出来的想法。我们总认为自己的想法是"真理"，但事实上，这些想法有时可靠，有时只不过是"猴子扔香蕉"的谎言而已。

我们会在头脑中编造各种故事来解释自己为什么会情绪失控。我的朋友与病人最常提起的理由是"我是坏父

> **消消气**
>
> 我们总认为自己的想法是"真理",但事实上,这些想法有时可靠,有时只不过是"猴子扔香蕉"的谎言而已。

母""我有个坏小孩",或其他大同小异的说法。人们之所以想出这些理由来解释情绪失控,是因为它们貌似合乎逻辑。"好父母"是不会发飙的,所以发飙的肯定是"坏父母"。反过来说,如果孩子乖巧听话,我们也不会发飙,所以,我们一旦发飙,那肯定是熊孩子的错。这听起来很有道理,是吧?

其实,这是错的。原因在于,即使你认为这些故事都是真人真事(但我想告诉你,这些都不是真的),它们也根本解决不了你的实际问题。

我们先来谈谈熊孩子的问题。小孩子的言谈举止多少会惹人心烦,有时可能遭人反感,有时顽劣得让人抓狂。他们会把玩具扔出车窗外,不肯乖乖睡午觉,会在楼梯上大便,会没轻没重地踩在婴儿的脑袋上,会在杂货店里偷糖果,会在教室墙壁上乱涂乱画,甚至会喝酒、吸毒、和人鬼混。孩子总能干出一些愚蠢、令人讨厌的事情，而且短期内不会有什么改善。所以，如果你将保持淡定的希望寄托在孩子身上，那么谁都不会有好日子过。正如你可能跟孩子说过的那样："我们无法控制别人的行为，只能控制自己。"

现在来谈谈我们自己吧。

其实，我们的言行举止也像孩子一样乖张荒唐（但我必须辩解一下，我午睡时表现很好，而且从不在楼梯上大便）。我们会轻易许诺，或者扬言威胁，其实根本不会当真去做；我们对孩子寄予许多不切实际的期望，一旦他们无法满足这些期待，我们就会怒不可遏；我们对自己也怀有一些不切实际的期待，做不到的时候也会狠狠地斥责自己。在无缘无故乱发脾气这件事上，我们其实与孩子没什么区别。

消消气

如果你将保持淡定的希望寄托在孩子身上，那么谁都不会有好日子过。

我们都曾有过蛮不讲理、发昏犯浑的时候。每当受到激惹，也就是情绪按钮被按下时尤其如此。在看似随机、不可预测的时刻，我们的大脑会变得焦虑不安，因为它一向喜欢井然有序而非混乱的状态。正因如此，不太准确的故事才比完全没有故事让人舒适。当我们无法理解自己的处境，或者无法预测即将出现的状况时，就会（通常是无意识地）拼命捕捉各种信息，借此解释和理解自己的处境。正是在这种情况下，才有人萌生出"我是坏父母，这才养出坏小孩"的想法。

如果你始终认为自己是"坏父母"、你的孩子是"坏小孩"，那就永远不可能真正解决问题了。你此刻的想法可能是"亲爱的，如果你见过我家的情形，亲眼看到我那个乱糟糟的家，就不会这么说了"，但我曾亲眼目睹过许多这样的家庭，我自己就是在一个糟糕的家庭环境里长大的，也

消消气

> 如果你始终认为自己是"坏父母"、你的孩子是"坏小孩"，那就永远不可能真正解决问题了。

好几次在孩子面前情绪失控。而且,作为一名临床社会工作者,我访问过形形色色的家庭,与他们一起面对毒瘾、暴力、虐待和忽视等各种伤心事。我当然知道事情会发展到多么严重的程度,但我仍然认为"坏父母"和"坏小孩"的说法是不成立的,理由如下:

以"坏父母"或"坏小孩"来解释自己崩溃的原因,真的是毫无益处,因为这种说法不会带来任何改善与成长的可能。它既不能带来积极的变化,也不会带来新鲜的空气,更无法提供全新的视角或截然不同的结果。如果你已将自己划定为"坏父母",就可能再也没有变好的机会了。你会深陷在羞愧之中,茫然无助,痛苦万分。也许你能做的就是把孩子送去寄宿学校,或者寄养在远房亲戚家里,或者从他的大学学费里拨出一部分用于心理治疗。

所幸你还有一个更好的选择。我再讲一个故事,它不仅能让你更准确地看清现实,还能指引你接下来该如何做。假设你正在从事一份无比艰巨的工作,却又苦于得不到正确的信息、强大的支持、亟须的资源和充分的休息,如果你这样日复一日地苦苦挣扎,迟早会撑不下去,这是人类的本性使然。如果父母的情绪按钮被不断按呀按,一定会崩溃。养儿育女的经历就是一个情绪按钮被不断按下的过程,我想每个人都会认同这一点。

我在工作中经常给父母们讲这个故事,就是想不断提醒他们养育孩子的确是极其艰辛的工作，所以要记住两点：一是育儿过程中遭遇的困难并不是父母的过错；二是就像成年人遭遇其他困境那样，父母在育儿过程中也需要照顾好自己，并寻求一些帮助。父母们听到这里总是微笑着点点头，然后回敬我一句老话："好，知道啦。现在我们能不能谈谈我那个近来让人头疼的儿子，我究竟该怎么对付他呢？"这时，我依然会耐心地反复劝说，把自己想象成电影《心灵捕手》[1]中的罗宾·威廉姆斯（Robin Williams）。在一个经典桥段中，他不断劝慰沮丧的威尔："这不是你的错。这不是你的错。这不是你的错。"最后，威尔痛哭流涕，生平第一次听到别人告诉自己那段凄惨的童年经历并不是他的错。

如果你至今还没看过《心灵捕手》这部电影，那就赶紧去看吧。哦，请稍等，作为熊孩子的父母，也许你压根没有两个小时的自由时间，那就退而求其次，上网搜索一下"这不是你的错"的电影片段吧。现在就去，立即行动！当你接着往下读的时候，不妨把我想象成那位蓄着胡子、穿着菱形花纹羊毛衫、带着波士顿口音的教授。

你不是"坏父母"。尽管你必须为自己的情绪失控承

---

[1]《心灵捕手》（*Good Will Hunting*）讲述了叛逆的天才少年威尔在教授蓝勃、心理医生桑恩和朋友查克的帮助下逐渐打开心扉，找回自我和爱情的励志故事。美国演员罗宾·威廉姆斯在片中饰演心理医生桑恩。

担责任，但那并不是你的错。在此我必须不断强调二者的重要区别：完全没必要为发脾气而自责，你应该采取行动，力求改进。请牢记，你是一个普通人，辛勤地养育着另一个普通人，这对所有人来说，可能都是人生最艰难的考验。也许不同阶段有不同的难度，对不同的父母来说也意味着不同的困难，但养育孩子对所有人来说都不容易。关于这一点，我敢拍胸脯保证。

为什么养育孩子那么难

这是一个重要的问题，所以我要花一点时间来探讨为人父母会面临的各种挑战。有些挑战是普遍且持久存在的，有些则是这一代父母的独特体验，或者是你和你家遇到的特殊困难。只有理解为人父母的难处，我们才能积极有

消消气

> 请牢记，你是一个普通人，辛勤地养育着另一个普通人，这对所有人来说，可能都是人生最艰难的考验。

效地应对。

养育孩子很难，因为它是生活的一部分，而生活本来就很艰难。 我们的文化总是过于在意所谓"幸福"，反而造成一种错误的幻觉，即认为生活应该是简单轻松的，大多数时候我们应该感到幸福快乐。社交媒体更是自带美颜滤镜，精挑细选地呈现出一个虚假的世界，让我们误以为其他人都过得顺风顺水、轻松自在。这种误解的结果就是，当有些人（其实是所有人）不得不面对漏气的车胎、退缩性焦虑、不断缩水的银行存款、麻烦的家庭关系和脚指甲内嵌的顽疾时，难免会错误地以为别人都活得很通透，而自己什么事都做不好。

当我明白了"生活是个美丽的谎言"这个道理时，总会想起我的曾祖母，这位坚忍顽强的老太太经历过俄克拉何马州土地热潮。我还珍藏着一张她的照片，她正坐在木屋门前落满尘土的台阶上，脸上刻画着深深的皱纹，诉说着一段历经沧桑的艰难人生（大多数经历都超出我的想象）。如果她听到今天那些积极生活的心灵鸡汤，再想到自己的真实经历，想必会笑得直不起腰来，然后告诉那些正能量人士收起那套荒唐的"幸福论"，滚出她的地盘。

人生本就是艰难的旅程。我们当然可以努力活得轻松一点，如果走运的话，也许能过上一连几天甚至几年岁月静好的日子，也就如此而已。养儿育女也一样。人生境遇的艰难坎坷并不总是因为你做错了什么，而是因为这本来就是每个人必须经历、必须承受的，去他的社交媒体上的轻松美好吧。

父母的人生境遇会让育儿难上加难。 身心健康，情绪稳定，有伴侣和家人的支持，无须担心下个月的账单，即使对这样的成年人来说，养儿育女也是充满艰辛的过程。有些父母更辛苦，可能正失业，工作不稳定，经济拮据，无家可归，要独自抚养孩子，居住在毒品泛滥、暴力横行的环境里，不久前有亲人亡故，要照料年迈的亲人，正遭受身心疾病的折磨，要抚养特殊儿童，或者被卷入亲友的各种纠葛与纷争中。有些麻烦可以很快解决，有些却可能长期存在，成为持续不断的压力源。所有这些麻烦都可能触发情绪，让人更容易在一瞬间崩溃。

父母的童年经历也会让育儿难上加难。 如果你在一个存在成瘾、暴力、丧亲、虐待或忽视的家庭里长大，那也会影响你的养育方式，而且多半是负面影响。这主要有以下几个方面的原因：

💕 你可能更容易出现创伤后应激障碍、焦虑、抑郁、成瘾或慢性疾病，这些都会对你的育儿能力和方式造成干扰或危害。

💕 童年经历会影响你成年后的人生经历，不仅在潜移默化中教了你关于家庭和父母的第一堂课，也会在毫无防

> 消消气
>
> 一些旁人看起来微不可察的小细节都可能激惹你，让你不明所以地咆哮。

备的时候影响你的言谈举止。有时一些旁人看起来微不可察的小细节都可能激惹你，让你不明所以地咆哮。

❤ 原生家庭可能会给你带来持续不断的压力，这种情形无疑是雪上加霜。这意味着祖父母或其他家人无法给你亟须的支持与帮助。

❤ 你在养育子女方面缺乏好榜样。这好比建造房屋时没有设计图纸，最后建起来的房屋既不齐整也不敞亮，住着一定不会舒心自在。

即使你没有童年创伤，但父母的几次不当对待，也会让你在养育孩子时感到困惑，无所适从。这种茫然无措的感觉也会给你造成压力，让育儿过程难上加难。

有些孩子确实更难养。有些小宝宝能整夜安睡。有些孩子是随大溜的，该学会走路时就会走路，该张嘴说话时就会说话，上学时能顺利地解几何证明题。有些孩子沉稳，有些孩子灵活，有些孩子乐于遵守规则，还有一些孩子不

消消气

> 尽管大家都不愿明说，但事实就是这么残酷：有些孩子确实更难养。

爱乱发脾气。然而，有些孩子有失眠问题、慢性疾病或学习障碍。有些孩子则专注力差，容易情绪激动，总爱在公共场所大喊大叫，弄得鸡飞狗跳。有些孩子甚至需要接受长达数年的治疗和辅导，或者自呱呱坠地就神经过敏。

无论性情如何，有些孩子似乎天生就与父母配合默契。不管他们是早起的鸟儿还是夜猫子，不管他们喜欢叽叽呱呱说不停还是乖巧安静，不管他们充满冒险精神还是喜欢宅在家里，都能与家人和和美美。可是，有些孩子不是这样。尽管大家都不愿明说，但事实就是这么残酷：有些孩子确实更难养。

大多数父母特别不善于照顾自己。你肯定读过不少"清单体"[1]文章，其中罗列出各种理由和建议，教你如何更好地照顾自己。例如，"女士们该享受足疗和美酒！""参加一场有奖竞猜！""练习跑马拉松吧！"（啧啧啧）既然

---

[1] "清单体"（listicle）一词由"list"（清单）和"article"（文章）组合而成，指以数字标注或者分行罗列的清单作为主要形式的文体。——译者注

提到马拉松，这倒是一个不错的育儿类比。跑过马拉松的人都知道，以下情形会影响你的发挥：（1）学校医务室时常来电话，打断你平时的跑步训练；（2）本该进行"肝糖超补"[1]，可你摄入的是孩子吃剩的芝士通心粉；（3）近十年来，你甚至都没睡过一夜好觉。跑步爱好者都知道，如果没做好身体上的准备，就应该降低比赛期望值；如果比赛条件不够理想，就不要勉为其难地硬撑到底。

可惜绝大多数父母都做不到这一点。无论是全职奶爸奶妈还是混迹职场，或是二者兼顾，父母们都像是在日复一日地坚持跑马拉松。你花费了大量时间和精力来养育孩子，当然也需要同样多的时间来休养生息、恢复体力（苦笑）。但是，你能做到吗？你能经常睡够八个小时吗？你能有规律地锻炼身体吗？你最近一次独处是什么时候？也许只有一天、一个上午或者仅仅一个小时，你可以读读书，散散步，或者做点有趣的事情。（严格说来，忙碌了一天后筋疲力尽地瘫倒在沙发上，刷刷平板电脑或看看电视剧，这可不算。）也许你想起上周末一个下午，孩子们正好都去参加"游戏约会"（play date）了，但这种好事肯定不会经常发生。事实上，绝大多数父母都是终年风风火火、忙忙碌碌，把自己累得精疲力竭、心力交瘁，可能还摄入过量

---

1 肝糖超补（carbo-loading）是马拉松比赛前增加体内肝糖含量来提高体能的饮食方法。——译者注

的咖啡因，一年到头吃不好也睡不好。但他们却丝毫不肯放低那些高标准、严要求，一旦达不到期望值，就会不断自责"育儿失败"。

长期疲劳让育儿难上加难。睡眠特别重要，我必须单独强调一下。我见过的父母大多处于精疲力竭的状态。疲劳让他们难以保持头脑清醒，甚至连最基本的小事也解决不好。他们很难集中注意力，控制不好自己的情绪，难以做出正确的选择，自然也无法保持身心健康。从根本上来说，这都是因为长期缺乏足够的睡眠，整个人就会出现各种各样的问题。睡眠不足会让人变得暴躁易怒、歇斯底里、小题大做，当然也更容易情绪失控。你根本不可能运用意志力来消除疲劳感。每当你熬夜照顾生病的孩子时，头脑中最早崩溃的那个部分正是坚强的意志。说到底，疲劳感真的很糟糕。

大多数父母在育儿过程中得不到充分的支持，或者得不到正确的支持。我最近和几位加拿大朋友一起吃饭，其中一位怀孕的朋友说她不仅可以享受一年——整整一年啊——的带薪产假，而且老板必须为她保留职位，直到她能回去工作。当时我吃惊得下巴都快掉了。接着，她又说起什么"政府支持育儿项目"和"医疗卫生保障计划"，更是让我听得目瞪口呆。现行社会制度对每个人的生活都有着深远的影响。美国的父母们整天奔波在通勤和接送孩子的路上，时刻都在掐分算秒，整天都在精打细算，似乎每个人都不堪重负、身心俱疲。

育儿支持的缺失不仅是社会制度层面的问题，也存在于生活圈子层面。现代人往往远离家乡，在外求学或就业，和家人相隔很远。远离家乡就意味着我们失去了一些圈子的有益支持，不能获得育儿方面的帮助和指导。当然，偏远乡村确实还存在一些落后愚昧的理念（例如，"把橙汁放进宝宝的奶瓶里！""狠狠打屁股！""别用安全带，让孩子自由活动！"），但人们也常常告诉你"大家都是这么做的"，这些话多少能给你带来一些安慰，让你觉得就算做得不够好，至少也不是唯一犯错的人。

如今在互联网技术的推波助澜下，各地的本土习俗逐渐消失，取而代之以无穷无尽的全球普适的标准经验。在磕磕碰碰中摸索前行的育儿长路上，我们再也得不到早先的安慰与支持了。非但如此，还总有人让我们自惭形秽，

消消气

> 育儿支持的缺失不仅是社会制度层面的问题，也存在于生活圈子层面。

觉得自己是唯一做得不好的父母。比如，那些"亲密式育儿"父母总能与孩子更亲密，法国妈妈们总把孩子喂养得更好，北欧孩子更幸福，亚洲的孩子更聪明、勤奋。相形之下，我家熊孩子就知道抠鼻子，还把鼻屎抹在墙上，而我却无能为力。

社交媒体与智能手机也让育儿难上加难。我喜欢社交媒体，和许多父母一样，也有点手机上瘾，喜欢不断刷新，还热衷于过度攀比。不过，持续不断的信息更新会给生活带来许多烦恼。每当看到制作精美的生日蛋糕或6岁小孩举办钢琴独奏会，我们都不禁对自己的育儿能力产生深深的怀疑。对很多人来说，这类信息其实就是威力强大的情绪触发器。

麻烦的还不只这种攀比心理。我们每次打开脸书或推特，都可能读到令人烦恼或伤心的故事、政治报道、当地新闻，或是高中老同学发了一条悲伤的朋友圈信息。我们这代人从小看着美国有线电视新闻网长大，习惯了全天24小时不间断的新闻报道，却很难认识到其中的荒诞与疯狂。事实上，如此频繁且密集地接受世界各地发生的坏消息，势必造成极大的焦虑与紧张感，可惜我们常常意识不到这个问题。

举例来说，有一次我重置了手机的设置，重启时忘了关闭提示音。通常情况下，我的手机只有在接到电话或短信时才会亮屏，或发出"叮咚"的提示音。当时我正在准备晚饭，放在厨房台面上的手机开始振动，屏幕忽然亮起，标题只显示总统宣布进入紧急状态，却看不到下文。我当时就乱了心神：肯定发生了什么糟糕的事。是地震吗？是敌国入侵吗？入侵了什么地方？是变体人来了吗？可到底变体人是啥？

在那几分钟里，我变得非常紧张慌乱——也正是在那段时间，我冲女儿吼了好几句，然后才慢慢冷静下来，想弄清事情原委。我做了好几次深呼吸，然后打开手机查看。原来总统宣布的紧急状态是关于鸦片类药物的。好吧，没错，鸦片上瘾确实是件大事，但还不至于让我和女儿立刻冲进地下室里避难吧？于是，我又做了几次深呼吸，向孩子们道歉，随后关闭所有信息提示音。

太多专家，太多信息，也让育儿难上加难。作为一位写了三本育儿专著的教育专家，我说出这样的话可能有点自相矛盾，但请听我说完。世上有成千上万条好建议教你如何轻松育儿，但是，一旦超过某个临界点，过多的信息就会令人不堪重负，非但无益，反而有害。一方面，这些信息可能相互矛盾，而且时常变化。例如，一会儿说："1岁前不要吃花生酱！"一会儿又说："1岁前可以吃花生酱！"一会儿说："不许玩电子设备！"一会儿又说："可以玩一会儿！"还有人说："不行，不能玩那么长时间！"

此外，这些建议还可能造成某种假象，让人以为自己能解决所有育儿问题，但事实上，许多普遍问题是无法彻底解决的，哪怕你采用了最花哨的积分表，哪怕你在最恰当的时机用最完美的语调说出最机智的话语，哪怕你采纳了密西西比州最著名的儿童心理学家的建议，可能都无济于事。你我皆是凡人，世事多不如意，有些问题就是寻常人生的一部分，我们能做的就是咬紧牙关艰难前行，运气好的话，也许能获得同情和怜悯，或者身边好友给你分享一点美食，在你最崩溃的时候逗你开心。可惜现在的父母很难接受这样的说法。因为我们总是认为自己的职责就是让孩子幸福，于是不停地读书、查阅资料、找专家咨询，盲目地接受各种育儿建议。当这些建议未能奏效时，我们又开始自责，认为是自己育儿失败，却从未想过正是这些建议误导了我们。

说到这里，我想你已经被唠叨得越发觉得养儿育女实属不易。接下来该让你振奋精神，收拾心情，重返战场了。请牢记，你不是"坏父母"，你的孩子也不是"坏小孩"。人生不易，育儿本来就充满艰辛。如果你情绪失控，那也不是你的错，但你必须承担起责任，尽可保持冷静，降低下一次发飙的可能性。也许你还怀有一些小小的自怨自艾，那不要紧（每个人都会这样），请继续读下去。为人父母就意味着即使错不在自己，你也要承担起责任。

为什么身处困境容易情绪失控

乍看之下,这种"育儿不易"的论调就像是另一个版本的心灵鸡汤。说到底,如果育儿真的难如登天,何必再进行无谓的讨论呢?讨论的意义在于,只有理解育儿过程中的种种挑战,我们才能真正做出改变。在此之后,我们还要弄明白为什么遇到挫折和困境时容易情绪失控。其实,这与人类的大脑与神经系统密切相关。

人类的大脑无疑是个神奇的器官,它让我们拍摄出《实习医生格蕾》[1],发明了尼龙搭扣运动鞋,还有直接放在袋子里蒸熟的西蓝花。遗憾的是,人类的大脑有时也会让人误入歧途,犯下大错。想必从未有人给你一本《大脑使用手册》,让你了解大脑的发育过程和工作机制,教你如何照顾自己的大脑以及照顾不周的后果。我在此想为他们辩白几句(我也不太确定"他们"究竟是谁,姑且这么说吧),其实他们自己也没搞明白过。现在就让我们一起认真学习脑科学的基本知识,了解人们情绪失控时大脑究竟会做些什么。

简而言之,你需要了解人类的神经系统,包括大脑、脊髓以及遍布全身的神经。大脑是由许多部分组成的,各

---

1 《实习医生格蕾》(Grey's Anatomy)是一部非常精彩且深受欢迎的美国电视剧。

> 消消气
>
> **父母越淡定，孩子将来也会越淡定。**

部分负责不同的功能，还有着奇怪难记的名称。大脑中有几个部分与情绪失控有关，我们将重点讨论两个部分。

首先是大脑中的前额叶皮质（prefrontal cortex，简称PFC）。它恰好位于额头后方，其功能随着人们日渐成熟而日益完善。前额叶皮质能帮助你提前规划、做决策，进行逻辑思考和创造性思考，以及管理情绪，在你发飙时让你冷静下来。这里有两点值得注意：一是前额叶皮质经过长时间高强度的工作后会疲惫不堪，所以你在辛苦工作一天后想不出来晚饭该做些什么；二是有些事情（通常属于"自我关怀"的范畴）可以让前额叶皮质活动更活跃、高效，让你能顺利完成一天的工作而不至于精神疲惫。

还有一条关于前额叶皮质的冷知识——孩子还没发展出这个部分。根据最新的科学研究，前额叶皮质直到20多岁才发育成熟，这就是大学生有时也会莫名其妙地干些蠢事的缘故。说了这么多，一切还是有救的。父母越淡定，孩子将来也会越淡定。说到底，我们的前额叶皮质也关联着他们的前额叶皮质。

你可能会说,我的孩子竟然还没有前额叶皮质吗?如果真是这样,他们大脑中究竟是哪个部分在疯狂捣乱呢?这是个好问题。简单来说,那个部分叫作"边缘系统"(limbic system)。成年人也有边缘系统,位于大脑中部,包括杏仁核(amygdala)、海马体(hippocampus)和下丘脑(hypothalamus),还有用以传输信息的神经通路(我告诉过你,它们的名字很奇怪)。人类的边缘系统有若干不同的功能,你不妨将它想象成大脑中的一个小人儿,它负责管理你的基本情绪,还会引发战斗、逃跑、僵住或崩溃的本能反应(如果你想知道小孩多么易于发飙,不妨抢走他的零食试试,看他有何表现)。当我们过于劳累,情绪剧烈起伏,遭遇或感知到威胁,身心不堪重负,或者情绪按钮被人按下时,前额叶皮质的功能就可能失效,这时边缘系统就来接管。显然,边缘系统在情绪失控那一刻发挥着重要的作用。

尽管每个人都有前额叶皮质和边缘系统,但其具体构造和运作机能是因人而异的,有的较大,有的较小,有的较为活跃,有的较为迟钝,其原因也不尽相同。影响大脑发育(包括大脑结构与大脑功能)的因素很多,包括基因、性别、疾病、生活经历、教育水平、创伤事件,还有一些时至今日科学家也没能搞清楚的细节。

所幸这些并非一成不变。人生漫漫，我们的大脑也会不断变化和发展。许多年轻父母特别关注孩子出生后的头三年，因为这是大脑发育的黄金时期——"小苏西在上幼儿园前要听《小小莫扎特》，多吃羽衣甘蓝，否则就毁了她一生！"这些不过是危言耸听的胡说八道，大可不必当真。有一个真相是，大脑发育在早年确实非常活跃。还有一个真相是，只要一个人活着，他的大脑就会不断学习与发展，既可能变得更好，也可能变得更糟。

此外，人类大脑是无法长时间保持高效运转的。大脑的功能有二：一是维系生命；二是进行计划、记忆、忧虑、期待、想象、思考与反应，主要是为第一个功能服务。那些微小的神经元时常被激活，这也是它们全部的工作了。这些大脑活动有时对我们有益，有时也可能是有害的。我们的思维、想法和反应时而精准、实用，时而会将人引入歧途。因此，我们不能指望大脑像睿智的长者或专业的治疗师那样给我们正确的引导，它并未进化出这样的功能。

我们的大脑未能进化到时刻保持清醒、睿智的水平，却能维持呼吸和运动，这得归功于神经系统。神经元遍布全身，每当有所感知，就会将信息传递给大脑。同理，神经系统也会将你的想法和感受传输到全身。你的想法和感受并非存在于真空中的幻象，而是会影响甚至改变身体的感知和功能。这些影响时刻都在发生，比你想象的还快，通常连你自己都毫无察觉。

你的大脑（包括神经系统）并不是自给自足的系统，它需要睡眠、营养、锻炼、刺激、娱乐和休息才能维持正常运转。它就像曾经风靡一时的电子小宠物，只要照料得当，就会"哔哔"地叫，对人展示微笑，表现得一切正常。同理，如果你照料不好自己的大脑，那么育儿就会变得难上加难，你也更难控制好自己的情绪。

最后一点：尽管大脑不是肌肉组织，但我们不妨将其想象成肌肉以便于理解。你经常使用的那部分肌肉会越来越发达，下次需要用到时也会格外给力。你有没有见过孩子第一次踢足球的情形？他们的脚几乎接触不到球，但经过一定时间的练习后，就能在场地上自如运球了。

反过来也一样，如果你很少激活大脑某些部位，它们就会变得越来越虚弱和僵硬。这也是人年纪大了再学习乐器或另一门语言会更难的缘故，因为学习新技能的神经通路长久不用，已经生锈，想形成新的神经联结不仅更难，而且更慢（不是绝无可能，只是更加困难）。

此外，我们总是希望那些灵巧有用的"肌肉"能越来越发达，笨拙无用的"肌肉"则最好消失，但大脑却分不清二者之间的区别。归根结底，无论学习冥想，还是控制情绪，遵循的都是用进废退的原则。如果我常年大吼大叫，那我一定特别擅长发飙。反之，如果我察觉到自己怒火中

> **消消气**
>
> 你的想法和感受会影响甚至改变身体的感知和功能。

烧，即将爆发，然后选择闭嘴或深呼吸，就能控制住脾气。只要勤加练习，假以时日，情绪控制就没那么难了。

神经系统与情绪失控的关系

读到这里，你可能在想这些内容和发脾气究竟有什么关系。其实，这关系到战斗还是逃跑的基本反应，但我更愿意称之为战斗、逃跑、僵住或崩溃。

当你的神经系统某一部分有所感知——无论是有意识还是无意识，无论准确与否——觉得可能会大事不妙，就会立即向边缘系统发出警示，边缘系统随即激活交感神经系统。于是，你体内就充满应激激素，并可能触发一系列反应——心跳加速、血压飙升、呼吸急促而沉重、肌肉紧绷、瞳孔放大，身体还会出现摇晃和颤抖。这些反应如此迅速而微妙，你可能毫无察觉。

　　这些并非随机反应，而是专门为了保护你的安全，让你勇敢反击、原地不动或掉头逃跑。如果你没有做出这些反应，可能是因为你不得不困守在家里照顾蹒跚学步的孩子或新生儿，便将所有压力和能量都转化成情绪大爆发。

　　与此同时，你的交感神经系统也关闭一些"不必要"的身体功能以便将精力和体力投入最重要的问题上。麻烦的是，那些所谓不必要的系统包括前额叶皮质，也就是让你处变不惊、稳重行事的那个部分。这原本也是非常合理的：如果一头猛犸象正在步步逼近，那你可就没什么闲工夫动脑筋发明轮子了，而是立刻撒腿就跑，前额叶皮质压根就没什么用。

　　很多人以为只有面对穷追不舍的熊或飞驰而来的汽车时，才会引发战斗、逃跑、僵住或崩溃的反应，但事实并非如此。我们的神经系统几乎会对所有事物迅速做出反应，比如看到孩子在游乐场爬得太高时，或者把人行道上的一根跳绳看成一条蛇时。看到懵懂的孩子把小手伸向火红的炉灶时，任何父母都会在一瞬间将他拉开。

　　进化固然神奇，却也带来一个问题。我们的求生机制主要是为了应对现实中的威胁，比如前面提到的偶遇猛犸象，因此我们的求生反应几乎都是身体方面的。但随着时代的变化，如今人类面临的大多数威胁是来自心理方面的，比如遇到粗鲁的同事、烦人的亲家，或者深夜收到孩子的老师发来的邮件，都让你不由得感到烦躁和慌乱。遗憾的是，我们的神经系统、大脑及相关器官尚未能有效应对这些信息，于是，尽管我们并未身处险境，却依然产生同样的身体反应。这种自发反应原本是想拯救我们的生命，可现在给我们带来的是不必要的情绪波动甚至失控。

　　与那些还没养育过孩子的人相比，为人父母者的大脑可能对潜在危险更敏感。这从进化的角度来讲是很合理的。在远古洞穴中，那些格外警觉甚至有些疑神疑鬼的父母更容易察觉到孩子身边的危险，也就更容易养大孩子，不断繁衍子嗣。这种有利于生存的神经特质也更容易代代相传。相反，那些超级淡定的父母也许正忙着在岩壁上涂涂画画，全然没留意到孩子已经溜到洞外，落入剑齿虎的巨口尖牙了。如此一来，淡定的基因就此被终结。如果父母真能做到处变不惊、心平气和的话，那他们的基因早就被扼杀在摇篮中了。

　　前文提到过，我们不妨把神经系统想象成遍布全身的各种情绪按钮——不是孩子衣服上的小纽扣[1]，而是红色的大按钮，让人看见就忍不住想按下去的那种（当然，这个类比从生理学来看不够准确，但有助于读者理解本书的内

---

[1] "Button"一词既有"纽扣"之意，也有"按钮"之意。——译者注

> 消消气
>
> 我们不妨把神经系统想象成遍布全身的各种情绪按钮。

容)。当我们心情平静,吃饱喝足了,充分休息了,还摄入了适量咖啡因后,这些情绪按钮就会变小,既不那么显眼,也不过于敏感,自然就不那么容易被按下。这并不意味着完全没有被激惹的可能。不幸遭遇车祸,半夜被烟雾警报器或孩子的哭声突然惊醒,我们的神经系统唤醒水平完全可能在短短几秒内从零飙升至爆表。只不过对大多数人来说,这种情况并不多见。

在大多数情况下,我们会在一段时间内接连遭遇一系列低强度的激惹,于是情绪按钮慢慢增大,变得更显眼,也更敏感,在孩子面前一触即发。在这种时候,我们的基线水平提升,也就更容易出现情绪失控。在一次次激惹的作用下,我们的边缘系统蓄势待发,时刻准备进入应激模式。到最后,哪怕孩子只是扔了个玩具,或者顶嘴说了句不好听的话,都有可能把我们逼到崩溃的边缘。就在这一刻,我们的边缘系统成为主导,前额叶皮质退居二线,情绪就此失控，一发不可收拾。

幸亏这个过程还可以逆转，否则每个人迟早都会发疯。具体来说，只要我们给自己一些基本的照料，比如拥有充足的睡眠，起来活动一下身体，伸展四肢，深呼吸，与朋友待在一起，做做填字游戏，或者读读书，就能让那些情绪按钮消停。在这些时候，我们激活了副交感神经系统（也就是负责放松与联结的那部分神经系统），增强了前额叶皮质的功能，降低了总体的基线水平，就会更冷静。说到底，我们让自己当下的状态远离情绪失控的边缘。如果我们不这么做，那些情绪按钮就不会断电。如果经常身处混乱的情境中，或者长期处于压力下，我们的神经系统就更难（但并非完全不可能）真正放松下来。

消消气

当我们心情平静，吃饱喝足了，充分休息了，还摄入了适量咖啡因后，这些情绪按钮就会变小，既不那么显眼，也不过于敏感，自然就不那么容易被按下。

小 结

本章的内容很多,我在此简要回顾一下。我们都有过在孩子面前情绪失控、大发雷霆的经历。大多数父母的情绪崩溃有几个共同特征,包括出现强烈的情绪波动,那一刻的行为是自发的、反应式的,而且是"有毒的"。不让情绪失控,并不是说我们的内心要如何幸福,家庭要如何美满,要活得像在童话世界里一般,而是意味着我们能运用技巧来应对冲突,并学会表达内心的不快。为人父母确实艰辛,烦恼也在所难免,如果得不到充分的信息、资源、休息和支持,育儿更是难上加难。生活中或育儿中遭遇的各种挑战会给我们带来极大的压力,让我们的情绪按钮(也就是神经系统)变得又大又显眼,也就更容易被孩子按下。每个人都会受到激惹,这并不表明是性格软弱或道德败坏,而是人性的一部分。我自己就曾有过好几次情绪爆发的经历,宝贝女儿只消朝我的方向轻轻瞟一眼,就能按下我的情绪按钮,惹得我大声呵斥,不许她们朝我看。亲爱的读者可能已经看出来,我这么做可不是什么高明的育儿技巧。

本书后面几章将介绍一些实用技巧,帮助你了解究竟是什么让我们龙颜大怒,我们如何控制好那些情绪触发器;

万一控制不好，至少也要照顾好自己。我还将在本书中探讨，倘若我们竭尽全力却依然濒临失控的边缘，还可以做些什么；或者已经跌下悬崖后，我们该如何重新振作起来。

不，首先还是来谈谈我的经历吧。

第二章

我是如何做到不再经常崩溃的

那些情绪失控、鸡飞狗跳的日子
我是如何平复心情的

希望你此刻已经做好心理准备来迎接后面几章的练习。如果你还沉浸在自责羞愧的情绪中，或者还在纠结自己是不是"坏父母"，那请你重读第一章，然后请亲朋好友提醒你：（1）你真的很棒；（2）育儿对每个人来说都很艰难；（3）犯错在所难免；（4）但你依然很棒。

我再重复一遍：你会犯错，但你还是很棒，二者并不矛盾。

也许你还想了解更多信息，以便更好地面对孩子，控制自己的情绪。这正是我接下来要谈论的内容。不过，想做些大的改变，仅有信息是不够的，不然我们都会积极参加晨练，天天吃健康食品，而烟草公司早就破产了。好建议只是积极改变的其中一步。只有在你抛却尴尬、羞耻、罪恶等负面情绪，才能感受到身心自由，才有激情去做出

> **消消气**
>
> 你会犯错，但你还是很棒，二者并不矛盾。

积极的改变。所以，你首先应该拥有共情、理解和接纳的态度。这些只可能来自那些曾有过类似经历的父母，只有他们才能感同身受，体谅其中的艰辛。你要知道自己并非个例——也许你曾对孩子感到极大的愤怒、挫败与失望，也许你曾情绪失控，对他们大发雷霆，不仅吓坏了他们，也吓坏了自己，但你并不是个例。认识到这一点对破旧立新尤为重要，所以我必须不断重申。每当你感到不堪重负，濒临崩溃的边缘时，就读一读本章内容吧。我自己就是一个典型的不完美母亲，其实每个人都如此。

我首先要告诉你的是，我不是凭一己之力就控制好情绪的。如果没有我丈夫、朋友、家人、治疗师和医生的支持，我根本无法平复心情，回到正常的情绪状态。不得不承认，我当时确实非常痛苦。不过，和信任的人多聊聊天，情况就会变得稍好些。所以，千万别以为你只要读了这本书就能得到一切帮助，你还需要寻求亲朋好友的真心相助。

我的情绪平复过程算不上顺利，既没吃到灵丹妙药，也没去过水疗会所，更没有一夜之间大彻大悟、焕然一新。相反，我不仅体重增加，最后还不得不服用药物并接受心理治疗。整个过程耗时漫长，也充满艰辛，但我最终还是走出来了，相信你也能做到。

其实，我的疗愈过程直到今天还在持续。我仍然会感到焦虑和紧张，有时也会情绪激动。换句话说，我仍然在

> **消消气**
>
> 我的情绪平复过程算不上顺利，既没吃到灵丹妙药，也没去过水疗会所，更没有一夜之间大彻大悟、焕然一新。

不遗余力地控制自己不再乱发脾气。就个人生活而言，我需要摄入咖啡因，进行冥想，每晚 10 点上床睡觉，每天坚持运动，比如在小区里散步，或者在卧室里跟着视频做一节瑜伽课，每次做到"下犬式"[1]的时候，家里的猫咪还会来捣乱。自从有了孩子，我的"自我关怀指南"就变得越来越厚。我也知道，只要坚持下去，无论是育儿还是生活本身，都会变得更轻松、更快乐。

我为什么会情绪失控

父母身份带来的情绪触发器

我第一次想控制自己的情绪，就是在前言里提到的

---

1 "下犬式"（downward dog）是瑜伽常见的一种姿势。——译者注

那个不堪回首的夜晚。当时我两个女儿都不过两三岁，她们不听我的话，我就恼怒地提高了嗓门，结果她们就哇哇大哭。这让我更恼火，而她们也更不肯听话，于是我又一次大吼大叫起来，她们便哭闹得更凶了，后面的事情想必你也能猜到。闹到最后我只能让步，让她们坐下来看卡通片。但是，打开电视那一瞬间加剧了我的羞耻感，因为我担心两点：（1）我居然奖赏了她们的糟糕表现（不过，我后来想想，她们的糟糕表现其实源于我自己的糟糕表现）；（2）看电视可能会损伤她们稚嫩的脑细胞，而我本该让她们搭积木。但无论如何，这样也比我情绪失控、不停吼叫好。再说了，当时我确实不知道还能做些什么。我把她们放在沙发上，盖上轻柔的毛毯，摆好她们最心爱的玩具，然后坐在电脑旁开始搜索"如何不再对孩子大吼大叫"。接着，我还列了一张表，罗列出自己还能做的事情，其中当然不包括大吼大叫。那个时候，我是真心想改变的。

可是，没过一两天，我的情绪再次失控了。而且，这次我还感受到沉重的负罪感，不仅因为自己的坏脾气，还因为自己没能坚持原先的计划。为什么其他父母能掌握幸福密码，保持淡定和愉快的心情，而我却连一声不吼都做不到呢？（提示：他们压根没那么完美。）我到底怎么了？（提示：没什么，这不是我道德沦丧。）为什么我在遭遇困境时不能保持冷静、耐心，好好和孩子沟通呢？（提示：因为我当时没有获得正确的信息和适当的支持。）就算我做不到心平气和，为什么就不能闭上嘴巴，停止吼叫呢？（回答：这听起来简单，想做到却很难。）

虽然当时我倍感困惑，但现在我知道，脾气暴躁、急躁、沮丧和大吼大叫并不是问题所在。当然，这些表现确实不好，但它们都是"症状"，是我的大脑和身体被激惹时做出的自然反应。现在回想起来，我能识别出四种激惹我的情绪触发器。

初为人母　生下女儿几个小时后，我就给外公打电话报喜。他用沙哑的嗓音说："唉，这可是一场危机啊，但你一定能熬过去。"当时我不明白他的意思，只当是古怪老头的一句胡言乱语罢了。如今我才明白，只有外公道出了人世的真相。无论是婴儿还是幼童，都需要父母日复一日不厌其烦地辛勤照料，这当然是人生的一大危机。对大多数人来说，这也是一段残酷的适应阶段。小孩子总是哭哭啼啼，要这要那，阴晴不定，给人带来无穷无尽的麻烦。可惜当时我对这些问题毫无心理准备。

当了妈妈后，我的整个生活都发生了巨大的变化，包括我的学术进展、职业规划和社会关系。我当然知道身为人母不是一件容易的事，但没想到竟会是如此翻天覆地的巨变。这就像回到大学一年级的时候，我一边结交新朋友，一边开始思考人生，生活却过得乱七八糟。不过，现在我已经是个成年人了。

更糟糕的是，我的童年生活也不顺利，好几次父母离婚、药物滥用和心理疾病对我来说都是不幸的遭遇。我经常大吼大叫，还长期与父母分离。尽管我后来也成了一位母亲，但每次想到那段亲子关系，还是会百感交集、情绪激动，只不过大多时候并未察觉，只知道自己感到紧张不安，却不知道究竟为什么会这样。

焦虑 2008年10月底，我拥有了一个健康的宝宝。其实，我还患上了严重的产后抑郁症，只不过当时全然不知。我从早到晚都战战兢兢，异常紧张，因为担心抱着女儿下楼时会滑倒，我甚至会坐在硬木楼梯上一步一步地挪动着身子下楼。

记得有一天晚上，女儿差不多只有六个月大，和平常一样，我在临睡前蹑手蹑脚地走进她的房间，只为了确认她是否还在正常呼吸。当然，和平常一样，她的小胸脯一起一伏，呼吸缓慢而稳定。于是，我又蹑手蹑脚地走出去，轻轻关上我的房门，准备上床睡觉。可就在我上床那一刻，脑海中竟然浮现出女儿呼吸骤停，我不得不打急救电话的画面。我想象医护人员从前门冲进来，可门口的楼梯上堆满鞋子和外套，他们一进来就被绊倒，无法及时救治我女儿——而这一切，都是因为我没有收拾房间。

我就这么胡思乱想好几个小时，一边下定决心要打扫房间，一边又担心会吵醒熟睡的丈夫，毕竟他和我一样也累了一天。其实，我也知道女儿平安无事，根本不会有什么救护车鸣笛开到我家门口。可这个念头始终挥之不去——在那些紧张不安的夜晚，我总是隐约觉得有一种令人揪心的可能性，那就是女儿已经停止呼吸，我应该再去查看一次。这个想法确实有些愚蠢，但多看一眼孩子又有什么坏处呢？在那样的时刻，起身下床就意味着我的精神和情绪已经到了失控的状态。我努力说服自己一切都很正常，可脑海中想到的都是身穿蓝色制服的急救人员冲进门，准备上楼抢救孩子，而楼梯上堆满雪地靴、运动鞋和粉红色的婴儿软鞋——你尽可以发挥想象力，脑补一下其他画面。总而言之，不仅是那一晚，还有许许多多个夜晚，我虽然躺在床上，却始终未曾合眼，满脑子都是那些不祥的画面，满心忧虑孩子会发生什么不测。

健康危机　初为人母那几年，我的家人遇到不少健康问题，包括骨折、烫伤、慢性耳部炎症，甚至需要插管治疗，还有时断时续、久治不愈的喉头炎（一种病毒感染，可导致喉咙肿胀和干咳，最严重时可导致呼吸困难）。一位近亲甚至因为严重的药物反应住进重症监护室（所幸她现在已经康复）。

我提到过自己因为害怕跌倒而坐着下楼的事吧？当我

女儿6岁时,她真的从楼梯上摔了下来,一直滚到楼梯底下,导致手臂骨折。差不多同一时期,她还在学校里突发哮喘,老师不得不拨打急救电话。

这些事真的把我吓坏了。

经历这些之后,我时常会由衷地感到庆幸,因为大多数伤痛和疾病相对而言都比较轻微,而且我们有医疗保险,能享受高质量的医疗服务。但我从未反思那些事情曾给我带来多大压力和刺激,我的焦虑程度不断上升,整天为女儿的健康和安全感到忧心忡忡。长时间过度紧张令我心力交瘁、不堪重负,将我逼到崩溃的边缘。

疲劳　我们都知道睡眠不足会损害身体各方面机能。我在社会工作领域的最初几年就是在精神科住院部度过的,曾亲眼见证了睡眠对安抚混乱思维、平复强烈情绪的显著作用。但我当时没有将这些知识联系到自己身上。尽管当时我已经身心俱疲,甚至都影响到日常生活了,但我非但不愿意承认,反而还引以为傲。我觉得自己战无不胜,无所不能,一杯接一杯的咖啡和黑眼圈就是最好的证明。

但没有人是无所不能的。我每天都靠咖啡因和糖苦苦支撑,最终陷入一种恶性循环中,即白天不停地吃喝,晚上却彻夜忧心焦虑。在那五年间,我的体重明显增加,还被诊断出患有睡眠呼吸暂停综合征(sleep apnea)。这是一种日益普遍的健康问题,患者在夜间会出现短暂的呼吸停

消消气

> 尽管当时我已经身心俱疲，甚至都影响到日常生活了，但我非但不愿意承认，反而还引以为傲。

止。睡眠问题往往出现得悄无声息又猝不及防，我当时根本没有察觉，但睡眠质量明显下降，即使睡了一整夜，醒来后仍觉得疲惫不堪。

如今我明白了，这些情绪触发器——初为人母、焦虑、健康危机和疲劳——叠加在一起，最终将我击倒了。但那时我实在太累，压力太大，完全无法清醒意识到自己的处境。相反，我认为只要运用意志力，就能下定决心排除万难。我开始执迷于各种励志读物和育儿书籍，以为这样就可以避免犯错或者纠正误区，但我并没有放松心情。毫不夸张地说，我当时就像是一个行走的大红色情绪按钮，就等着别人来激惹，然后一触即发。更不幸的是，我的日常生活中正好有两个热衷于按情绪按钮的熊孩子。

我一直在不停地思考、安排和计划。一连好几天的晚餐都吃盒装奶酪通心粉是不是太多了？是不是该关心一下孩子吮手指的问题了？孩子会不会色盲？我是不是该多给她们播放一些古典音乐？我该给她们吃什么牌子的益生菌？她俩都喜欢倒着写字，这要紧吗？（没错，我真是有操不完的心。）

面对我喋喋不休的指令和意见，保姆曾经笑道："哎呀，您的脑子肯定累坏了吧？"我当时在心里说："你绝对想象不到我有多累啊！"可随后我又开始担心自己是不是变成一个神经兮兮、整天絮絮叨叨的"直升机父母"[1]，我可不希望这样。

如今我能看清自己当时之所以对各种小事斤斤计较，是因为大事——主要是孩子和家人的健康与安全——给我的压力实在太大了。我无法集中注意力专心做事，总是丢三落四，三天两头会打碎东西或者忘记事情。我不仅拖延完成学位论文，后来连书稿也无法如期完成。我的睡眠越来越少，体重却越来越重，于是我将这一切都发泄在孩子身上。无论我多少次追悔莫及，发誓要痛改前非，却依旧会冲女儿们大发雷霆。

我的情绪失控了，而且发生了很多次。

---

1 "直升机父母"（helicopter parent）是指过度关注和干涉孩子生活的父母，他们像直升机一样整天盘旋在孩子身边，故而得名。——译者注

我究竟是如何变得淡定的

说到底,帮助我恢复正常心态的既不是强大的意志力,也不是什么正能量鸡汤,而是在那一天我终于听进丈夫的建议,然后一切才开始有所改变,毕竟他是最了解我的那个人。其实,这几个月来,他一直在说我可能出现睡眠问题了,而我根本听不进去。说实话,人们往往最听不进丈夫或妻子的话。但他一直说个不停,我只好挤出时间预约了一位睡眠医生,然后被诊断和治疗,最后终于又能睡个好觉了。

恢复状态的第一个重要步骤就是找回睡眠,这样才有精力迈向后面几个步骤。随着睡眠的改善,我在孩子面前就不太会小题大做、情绪爆发了,也没再出现把满满一杯咖啡放在车顶上就转身启动汽车的乌龙事件(没错,我那时一直在喝咖啡)。良好的睡眠也让我的工作效率倍增,较

消消气

恢复状态的第一个重要步骤就是找回睡眠。

少感到事业挫败的沮丧,甚至还有精力去做运动了。我当时并不明白其中的原理,其实,充足的睡眠、规律的运动和有序的工作结合在一起,就能让我的神经系统恢复平静,让我的情绪逐渐冷却,不再动不动就冲孩子大发脾气。

睡眠还让我有足够的精力和动力去重新接受心理治疗。

说到"心理治疗",这是专家们经常抛出来的一个时髦词汇,远看似乎十分美好,但走近会发现它可能会把你压得喘不过气来。虽然我也喜欢时髦的玩意儿(老实说,并非如此),但我还是希望分享一些更实际的东西。下文将罗列心理治疗给我带来的一些帮助,排名不分先后。(当然,如果你能和值得信赖的神职人员、咨询师、教练、医生聊一聊,或者在育儿支持小组畅所欲言,应该也能获得同样的帮助。)

❤心理治疗能提供一个宣泄情绪的场所,让人不会不分场合地乱发脾气。心理治疗能让你充分释放内心的感受。每次走进那个熟悉的房间,面对自己信任的人,对他剖白内心最不堪的那一面,哭得涕泗横流,而你知道没有其他人会听到这些话,更不会对你指指点点。在这之后——最好的就是这一点——你可以离开房间,轻轻关上房门,把所有的坏情绪都留在那里,不必回头,轻装上阵,直到下周三下午2点再来。

❤心理治疗让我清楚地认识到育儿的挑战。也许你认为，作为心理健康方面的专业人士，我完全可以自己搞明白这一切，那你可想错了。在育儿方面，我就像个懒惰的健身教练，虽然给别人提出各种建议，自己却未必能做到。我与治疗师聊起自己的童年，这让我意识到自己为什么有那些敏感的情绪按钮，也知道哪些情境和行为最有可能刺激它们并最终将其按下。现在我明白为什么会出现那些情绪失控、无法预测的危急时刻，当然也包括我冲孩子大发雷霆的时候。

💕心理治疗让我可以从新的视角看问题。如今这个时代充斥着全天候 24 小时不间断的新闻播报，到处都是育儿专家，还有无处不在的社交网络。像我这样一个执着于自救的焦虑母亲，无时无刻不在接收各种各样的意见和信息（其中很多是互相矛盾或毫无根据的），告诉你该做什么、不该做什么，如果不能做到尽善尽美，会给孩子带来这样那样的伤害。这样的信息轰炸让我完全失去判断力，仿佛我的罗盘一直在不停地旋转，给我指出成千上万个不同的方向，但没有一个通往我真正想去的地方。在每周一次的心理治疗时间里，我和治疗师一起梳理这些育儿信息，分析各种建议、意见、担忧和假设，将这些想法摊开来仔细审视。每次见面后，我会带走几条实用的建议，将其他信息统统抛诸脑后，像垃圾一样留在治疗室的蓝色地板上。

💕心理治疗让我学会如何控制情绪触发器并度过艰难

时刻。那些技巧和策略看似细小，最终却能带来显著的改善。举个例子吧，当我女儿还在蹒跚学步时，我有一位朋友正频繁陷入人生危机，总是在三更半夜给我打电话。我很担心她，无论多忙都会接听她的电话。有时我正忙着做晚饭或换尿布，有时还在为拌嘴的两个女儿劝架，但我还得耐心地倾听她的抱怨，而这加剧了我的紧张和焦虑。所以，每次我和她通完电话后，总是会对女儿失去耐心，忍不住嚷嚷几句。这些电话和随后的情绪失控之间存在明显的联系，但我当时并未注意到，直到和治疗师谈论后才意识到。在这件事情上，治疗师温和地建议道：每当我和女儿们在一起时，先别接这位朋友的电话，稍后再找一个方便的时间和地点与她通话。

从那以后，我家的夜晚的确变得平静了许多。

💕治疗师建议我用药物治疗焦虑症。我断断续续接受心理治疗将近十年，此前从未考虑过使用药物治疗，直到

💬 消消气

> 仿佛我的罗盘一直在不停地旋转，给我指出成千上万个不同的方向，但没有一个通往我真正想去的地方。

有一天跟治疗师说起自己对校园枪击事件的严重焦虑。每天早晨送女儿们去上学,等她们下车后,我总会坐在车里望着天空,原本令人心旷神怡的万里晴空,似乎总是蒙着一层不祥的阴云。我在心里对自己说,今天是个好天气,某个混蛋会特意选在今天带着半自动手枪闯进校园疯狂扫射,滥杀无辜。每次想到这里,我都会心跳加速,呼吸急促,内心产生一股想冲进学校带走女儿们的冲动,必须努力运用理智才能克制自己。我不断告诉自己,我们要搬去英格兰的小村子生活,那里不会发生校园枪击案,那里的人也说英语,我还可以学品茶。这么想着,我才能慢慢平静下来,继续一天的生活。但这种焦虑的念头变得越来越频繁,而且越来越强烈,我再也承受不了了。

我当时对药物治疗是心存疑虑的。尽管我的工作使我明白合理用药能明显改善一些人的生活,但我还是会忍不住担心药物的副作用,还有停药后可能出现的戒断反应。但我很信任自己的治疗师,就预约了一位精神科执业护士。她不仅解答了我的各种问题,而且推荐了一种低剂量抗抑郁药物,也是治疗焦虑症的常用药。

药物奏效了。在短短一周时间里,我的情况就出现了明显改善,那些恐怖的念头不那么频繁地出现了,睡眠也逐渐改善,身体的紧张状态也有所缓解。最棒的是,我更喜欢当妈妈的感觉了。我变得精力充沛,也乐意陪伴孩子

> **公益广告**
>
> 药物治疗确实对我有所帮助,但你别急着扔下书就去找医生开处方。我必须重申重要的一点:世上没有灵丹妙药、祖传秘方或"仅售19.95美元的27步疗法"能让你不再冲孩子发脾气,或者在一夜之间摇身变为"理想父母"。请不要盲目寻找这些子虚乌有的东西。药物治疗只是帮助我康复的一个因素,睡眠、运动、自我关怀以及来自治疗师和家人的支持也非常重要。

们了,不再为她们那些无厘头的行为感到烦躁、生气,也不再杞人忧天,时刻担心自己犯错了。随着头脑日渐清晰,我也能逐渐学习一些策略和技巧来更好地照顾自己了。此次药物治疗大概持续了一年时间,后来在药剂师的帮助下逐渐减少剂量。

我目前的状态大致是这样:绝大多数时候都能整夜安睡,体重也基本恢复到正常水平,而且不用再继续服药。虽然我仍难免会恼火,但我已经了解自己的情绪触发器,知道自己在什么情况下容易乱发脾气。

我还知道自己需要睡眠和运动,包里要放一些零食,要适时放慢节奏,时不时与朋友聊聊天,开怀大笑一场。

这些并不是单纯为了取悦自己的享乐,而是必需品,这样我才能享受到母慈子孝、岁月静好。我还真真切切明白育儿确实非常艰辛,计划总有可能被无故打乱,即使按部就班,也难免会紧张、焦虑,情绪失控也在所难免。每当我情绪爆发时,就会多做几次深呼吸,随意舞动一下身体,然后向孩子们道歉,对她们也对我自己满怀同情。

最重要的一点是,我不再认为情绪失控意味着道德沦丧,或者只要我愿意就可以时刻保持冷静。我将那些崩溃时刻看作某种症状或警示,让我知道需要好好照顾自己了。

自己失控了,要么去寻求帮助,要么坦然接受当天的挫败并打开电视(我不再认为给女儿们看电视就是教育失败了)。我已经掌握一些技巧和策略,能让自己回到正轨。

以上就是我的故事,接下来该谈谈你了。可能你的个人生活与育儿困境跟我的情况非常相似,也可能截然不同。不管怎样,我的经验具有一定的普遍性。首先,我花了很

消消气

> 每当我情绪爆发时,就会多做几次深呼吸,随意舞动一下身体,然后向孩子们道歉,对她们也对我自己满怀同情。

长时间才意识到自己身陷困境。当时我已陷入工作、生活与育儿的泥沼深处，不仅"只见树木，不见森林"，还不断被该死的"树根"绊倒，并认为那是咎由自取。其实，这不是我的错，也不是你的错。

如果这些年你一直在尽心尽力地养育孩子，却还是倍感艰辛、不堪重负，那也没关系，无论何时都有柳暗花明的可能。

我的另一个收获是终于意识到自己当时不可能——现在也不可能——一个人撑下去。所以，我特别感谢我的后援团，里面既有亲朋好友，也有专业人士，他们多年来一直帮助我，今后也会继续支持我。他们帮我抱孩子，倾听我的烦恼，教导我该怎么做，建议我寻求更多帮助（必须说一句："嗨，老公，尽管我从来不听你的劝告，但我依然爱你！"），并一直陪伴我走出困境。

希望这本书不仅能提供一些有用的信息和建议，还能成为一种支持性的力量。我希望你知道，即使你我素未谋面，我仍然是你后援团的一分子。希望我的故事能让你获得力量，勇敢地寻求帮助。当然，我也会陪你走过"不再崩溃，恢复常态"的每一个步骤。第一个步骤就是了解你的情绪触发器，现在我们出发吧！

第三章

了解你的情绪按钮和情绪触发器

情绪触发器会惹得你烦躁不安
如何知道自己受到激惹了
是什么导致你情绪失控

每个人都有情绪触发器,它们是生活的一部分。即使你觉得自己一贯心态良好,很少乱发脾气,我仍建议你耐心读完这一章。我会介绍一些重要的信息,请端好咖啡,调整坐姿,做好准备吧。

为了便于说明,本书所说的情绪触发器是指**任何容易让你在孩子面前情绪失控的事物**。它们会让你的情绪按钮变得更大、更亮、更敏感,也更容易被按下。

当然,你的表哥、表姐或同事都可能按下你的情绪按钮,惹得你暴跳如雷,但本书只关注你在孩子面前情绪失控的情形。实际上,孩子最擅长的就是按情绪按钮。甚至可以说,他们总是伸着手指四处溜达,沿途所见的一切都免不了被他们指指戳戳一番。这原本就是孩子学习、成长并与世界互动的一种方式。遗憾的是,孩子做事总是有些无厘头,既没有常性,又难以预料,给人带来很多麻烦。这些都与他们尚未发育成熟的大脑密切相关。

当你没有受到激惹时,不太容易因为孩子的举动而突然暴躁起来,因为这时你的情绪按钮并不敏感。在这种美好的时刻,即使孩子耍宝犯浑,你也能保持耐心,和颜悦色。

> **消消气**
>
> 孩子最擅长的就是按情绪按钮。

可是,当你受到激惹后,情况就大不一样了。你的神经系统会变得高度警觉,一旦情绪按钮被按下,就会立刻发出战斗、逃跑、僵住或崩溃的指令。在这种时候,你的情绪按钮闪闪发光,明晃晃地袒露在孩子面前,就像电梯的急停按钮那么显眼(为什么急停按钮会放置在那个位置?这是个不言自明的问题)。

我们再来看看熊孩子吧。他们伸着手指四处溜达,不断煽风点火、寻衅滋事,一旦发现某个情绪按钮,就会按个不停。你的孩子年龄越小,或者心智越不成熟,在疲劳或受到激惹的情况下,就越容易戳中你的软肋,惹得你气急败坏。

当情绪按钮被按下后,你或许能忍耐一次、两次甚至十二次,这取决于你当时背痛有没有发作,是不是快要付账单了,或者老板有没有故意刁难你。但不管怎样,即使是最淡定的人,也难免有情绪失控的时候,这是有客观原因的。我们接下来就要学习如何更好地控制自己,理解负面情绪，也就是正确识别和妥善处理情绪触发器，让情绪按钮变得更小、更暗、更不敏感，也就不那么容易被人按下了。

请注意，我刚刚说的是让情绪按钮不那么容易被人按下，而不是说让孩子永远无法按下，二者存在重大区别。如果我们一味关注孩子如何按情绪按钮，那意味着若想解决这个问题，就得不遗余力地阻止他们这么做。孩子既是情绪触发器，又是按情绪按钮的人，只将他们看成情绪触发器是不可取的，原因有二：

1. 我在前面说过，将自己的理智寄托于别人荒唐的行为注定是一笔赔本的买卖。 你不能让别人为你的言行负责，尤其是你的孩子。小孩确实经常做蠢事，惹得人心烦意乱，这多半是难以改变的事实。你所能做的就是尽量管好自己的情绪按钮，当孩子靠近时尽量保持镇定。

2. 就成长规律而言，孩子本来就不可能一直乖顺听话。 如果孩子受到激惹，或者在发育、情感、身体、智力等方面遇到挑战，就更不好管教了，有时甚至会发无名火。孩子的前额叶皮质即大脑负责自控的那个部位尚未发育成熟，就像要求他们在没有木材和工具的情况下建造房屋一样，那是做不到的。

必须说明的是，我并不是建议你放弃希望，放任孩子野蛮生长。父母当然应该设立规矩，设定边界，保持合理

但你仍想知道如何管教孩子

读到这里你可能在想，关注自己的情绪触发器和情绪按钮确实没错，但孩子毕竟还是主要问题啊！也许你家孩子总是不可理喻，或者正处于某个年龄段，你不知如何管教。你觉得有更好的养育方法，却又无从下手，那不妨听听我的看法。

父母的首要任务是确保孩子安全。这是你应该尽力做到的第一点。

父母的第二个任务是管理好自己的情绪，在管教孩子时才能保持理智，不至于情绪失控。这正是本书的主要内容。

读到这里，你要想清楚自己究竟打算怎样养育孩子。只要想清楚这一点，你自然就知道该如何管教孩子了。世上有各种各样的父母，自然也有各种各样的养育方式，关键在于是否适合你和你家。你不妨先制订一些计划，当熊孩子下次再欺负弟弟、说谎或者弄丢牙齿保持器时，不至于手足无措，瞬间崩溃。以下几条建议有助于你制订计划：

❤ 向了解你和你家孩子的人求助，包括你的家人、朋友或者关心你们的医生。你可以向他们倾诉你的烦恼，并寻求他们的帮助。

❥向你所处的文化群体和社会团体寻求理解和支持，包括宗教团体、灵修团体、其他父母或者孩子就读学校的老师和辅导员。

❥找专业人士谈谈，比如家庭治疗师、儿童心理学家或育儿专家。

❥从育儿书籍、网络研讨会或播客寻找建议，但切记要保持自己的立场，理性分析这些建议是否适合你家的关系、风格和价值观，如果不合适就看看别的。

❥谨记育儿方法有很多，如果有人鼓吹自己的方法是唯一正确的，那你应该格外警惕。

❥即使你制订了一个完善的计划，也不可能每次都能做出正确的选择。你还是会犯错，但问题不大。重要的是，只要你保持冷静，集中注意力，就一定会比怒火中烧、心烦意乱时做得好。尽力保持那种状态，因为你家的熊孩子很快就会对你发起新的挑战。

❥最后，切记你的任务并不是让孩子一直幸福快乐，那些大悲大喜的情绪并不需要被"纠正"，而是应该去"体会"。孩子也应该明白，有悲伤、愤怒、尴尬或迷茫的情绪并不是什么坏事，也会慢慢消散的。如果你无法面对孩子崩溃的样子，孩子也永远学不会如何控制情绪。所以，你可以开一个好头，做好准备，勇敢出发吧。

期待，教孩子学会举止得体、自觉自律和礼貌交际。不过，这么做并不是为了让孩子不再惹恼你，而是希望他们将来能顺利融入社会。说实话，许多成年人都尚不具备这些能力呢。我不了解你，但若要我等熊孩子自己长大，不再给我添堵，意味着我还得过好几年闷闷不乐甚至鸡飞狗跳的日子，那我可不干。

我们教育孩子要耐心排队或认真洗手，同时也必须接受一个事实，那就是父母不可能控制孩子的一切行为。一旦认清这个事实，我们就可以获得解脱，将注意力放在可控的方面，即自身的情绪触发器和情绪按钮。我们可以为自己念诵《宁静之祷》(*The Serenity Prayer*)，在力所能及时安置好情绪触发器，在力所不及时也能接纳它们，并深谙二者的区别。在本章中，我们将讨论第一步，也就是识别自己的情绪触发器。人们在日常生活中难免会感到心烦意乱、惊慌失措或怒气冲天，可很少有人意识到以下两点：（1）此时情绪正在发生剧烈变化；（2）此时极有可能出现

消消气

我并不是建议你放弃希望，放任孩子野蛮生长。

情绪失控。有时情绪触发器可能与你的孩子毫无关系，但结果也是一样的。你只是凡人，身上一堆情绪按钮，并且不会凭空消失，随时有可能被孩子伸手按下去。

情绪触发器和情绪按钮须知

首先，你需要了解一些相关知识：

❤ **情绪触发器有的很普遍，有的很独特。** 所谓普遍的情绪触发器，包括疲劳、慢性疼痛或悲伤，它们都可能把人逼到崩溃的边缘，在这类遭遇面前不存在个体差异。独特的情绪触发器产生的影响则因人而异。例如，嘈杂的噪声（包括现场音乐演奏，无论是我家孩子还是我最喜欢的乐队都一样）会让我紧张、心烦意乱，而我丈夫在这方面似乎无感。如果你对噪声也不敏感，带孩子就会容易得多。这就是我丈夫的优势，也恰好是我的弱点。在这个问题上，我能做的只有三点：（1）接受现实；（2）时不时感到郁闷，因为我丈夫一点都不会受到噪声的影响；（3）想方设法减少生活中的噪声，比如戴上耳塞。

❤ **情绪触发器有慢性的，也有急性的。** 有些事情，比如不慎扭伤脚踝，或者接到压力很大的项目，后果往往近在眼前，不难预料。而有些事情，比如永久残疾，或者有过一段创伤经历，却会带来终身影响。一旦出现这些情况，我们的情绪按钮就会变得比平时更大、更敏感。

💕**如果你的情绪按钮经常被触动和按下，将来就会越来越容易被按下去**。这其实是很简单的神经生物学规律：同步放电的神经元更容易联结在一起。典型的例子就是学习演奏乐器。当孩子学习照着乐谱演奏每一个音符时，他的大脑也会变得越来越灵活，在手眼协调方面尤为发达。渐渐地，他就能熟练演奏整首乐曲，无须再刻意关注每根手指的动作。情绪失控时的触发器和按钮也是同样的道理。尽管它们总是给人带来麻烦，但并不是没有改进的可能。如果我们变得更善于发脾气，那么也能学会更善于控制情绪。只要多加练习，我们就能更迅速、更自然、更轻松地应对压力，保持冷静。

💕**有些情绪触发器与你密切相关，有些却未必**。一些令人不快的事情可能是关乎他人的，比如你的家人、朋友、同事、邻居，或者每天一起接送孩子的其他家长。有时情绪的触发则完全取决于你在特定时间段的心理或身体感受。

💕**你能在一定程度上控制某些情绪触发器，却对另一些情绪触发器束手无策**。例如，我可以选择不去接听朋友每晚打来的吐槽电话，可救护车警笛声每次还是让我心惊肉跳，而我对此无计可施。我们应该明确其中的区别，再设法寻找对策。

❤️**情绪触发器会随着时间而变化。**一些曾让你烦躁不安的人和事可能会渐渐淡化，甚至不再引起你的察觉。但也会有一些新的困难和烦恼慢慢滋生出来，让你倍感压力。这些变化有时是可预见的，有些则令人猝不及防。举例来说，也许你觉得哺育婴儿的压力很大，但只要你咬牙坚持下去，几个月后，他应该就可以自己吃东西了。与此同时，也许你以前觉得和孩子亲密的身体接触非常自然，而现在却感到莫名其妙的焦虑和紧张。

❤️**一些积极体验也可能成为情绪触发器。**有时一些看似愉悦的体验（比如生儿育女，或者升职加薪）也会让你变得容易被激惹，原因可能是期望值提高造成的压力，人际关系变化，对失败的恐惧，或者仅仅是变化本身带来的紧张感。

❤️**应对压力的策略也可能引起你不适，或者激活其他情绪触发器。**每当我想缓解焦虑、振奋精神时，就会吃巧克力、喝咖啡。但这些短期奏效的策略却带来一个长期的严重后果，那就是体重增加和慢性疲劳。许多父母在感到不适或压力时喜欢刷手机，或者小酌几杯。也许你这么做是为了让自己平静下来，但这两件事情反而会让你的情绪按钮更敏感。

❤️**育儿本身就是情绪触发器。**在养儿育女的过程中，你会暴露出以前从未意识到的一些弱点和情绪按钮，通常都与童年经历有关。也就是说，这是你长大成人后第一次认真反思亲子关系。尽管你已经成年，但大脑和身体也许仍留着过去一些记忆。如果当年你每次打翻麦片盒都会遭到父母的训斥，那么现在即使你很少怨天尤人地发牢骚，类似的经历和场景还是会让你心烦意乱、怒火中烧。

识别你的"症状"
如何知道自己受到激惹了

我们每天都会因为这样那样的事情受到不同程度的激惹，却可能从未意识到。人类的神经系统主要用于满足生存所需，并未进化到这个方面。边缘系统才不在乎你是不是感到心烦意乱，它只负责维持你的生命而已。正因如此，人类的大脑对压力会形成反射性反应——心跳加速、肌肉紧张、瞳孔放大——却不会将身体资源与能量转移到前额叶皮质，可正是这个部位才能让人意识到压力和激惹的存在，帮助我们保持冷静、清晰思考。

不过，你可以慢慢学习如何觉察自己的情绪按钮，尤其是当它们变得格外敏感时。有所觉察正是保持冷静的关键第一步。简单来说，也就是识别你的"症状"，即那些每次受到激惹时都会出现的想法、感觉、身体感受和行为表现。由于每个人的情况各不相同，你应该辨识出自己有哪些"症状"（更多内容可参见第八章）。

一些常见的症状：

💕 紧张，焦虑，强迫倾向，或者执着于某些想法或忧虑。

💕 身体紧张，比如后背僵硬，眉头紧锁，或者耸肩。

💕 有时会脑补《末路狂花》[1]那样紧张刺激的场面，比如开足马力冲下悬崖，或者在百货公司的通道里游荡好几个小时。

💕 感觉烦躁，很容易生气。

💕 对孩子、爱人或恰好出现在身边的人百般挑剔、管手管脚（包括不停发送手机短信、推文和电子邮件，唠唠叨叨，言辞粗鲁）。

💕 骂骂咧咧，或者翻白眼。

💕 特别渴望糖、零食、酒精、尼古丁或其他药物。

💕 抓挠皮肤，撕开疮疤，或者咬指甲（成年人也会这么做）。

💕 手机不离手，或者不停地打开社交媒体 App。

💕 急于把眼前的事情马上做完（当我被激惹后，就希望立刻清空洗碗机，这简直成了一件刻不容缓的紧急事件）。

---

[1]《末路狂花》(*Thelma & Louise*) 是 20 世纪 90 年代美国著名公路冒险电影，讲述两名女性无意间踏上一段紧张刺激的狂野之旅。——译者注

💕毫无必要地感到急躁或者不停催促别人。

💕没错，还有冲孩子乱发脾气。

吃喝、饮酒或消费都无法消除你的情绪触发器

面对压力或受到激惹时，许多人会选择喝酒、服药、赌博、打游戏、强迫性进食、看成人节目或大肆挥霍。可惜这些都不会有太大功效，即使能让你分散一下注意力，或者麻痹一下神经，可短短几个小时后，你非但无法真正解决问题，也没能照顾好自己。长此以往，你只会泥足深陷，形成难以克服的成瘾行为。

如果你正在为这些问题苦恼，就请继续读下去吧。在后面几章，我会教你一些策略去应对那些烦人的情绪触发器。但如果你已经有了成瘾行为，那么光看书可能就不够了。当然，这并不是道德沦丧，也不能说明你是"坏父母"或"坏人"，只不过遇到一些非常棘手的麻烦。你需要花费一些时间和金钱，或者请人暂时照看一下孩子，好去寻求帮助。这听起来可能很难做到，但它确实是此刻为了你自己、孩子和家人最应该去做的事情。向他人寻求帮助吧，可以是你的朋友、医生、心理咨询师、神职人员或者互助小组。疗愈与改变确实不易，但并非绝无可能，你应该去试一试。

最常见的情绪触发器

现在就来分析你可能有哪些情绪触发器（本书附录的长清单可以给你提供一些额外的帮助）。知道有哪些因素会让你的情绪按钮变得敏感、显眼，一触即发，你才能采取措施，保持心态平和，既可以防患于未然，陷入困境时也能积极应对。在与许多父母打交道的过程中，我发现有下面一些最为常见的情绪触发器：

慢性疲劳 即使你每天晚上闭着眼睛躺平八个小时，也未必能获得高质量的睡眠。此外，日复一日的长期压力和忙碌也会让你感觉身体被掏空了。

陪伴孩子时"一心多用" 有人说每个人都能同时分心做好几件事情，这其实是不对的。在带孩子的时候更不应该"一心多用"。同时想做好几件事会带来更多不必要的压力（这种情绪触发器的危害很大，但尚未得到重视，所以我将在第四章深入探讨）。

焦虑 比如担心自己没有能力解决问题，觉得过于紧张和焦躁不安，很难集中注意力，心烦易怒，肌肉紧张，经常感到疲劳，以及存在入睡困难和睡眠问题。

手机问题 包括持续联网在线，沉迷于社交媒体，一直被各种提示音干扰分心。

比赛和活动也可能是情绪触发器

我们很容易察觉到重病或事故这类情绪触发器，但有些看似人畜无害的活动也会引起情绪波动。看孩子们的足球比赛就是一例。如果你喜欢一边看孩子踢球，一边和其他家长聊天，那很好。但对不少家长来说，比赛可能也会带来极大的刺激和压力。你不得不顶着烈日，身边围着一堆不认识的人，出于社交压力还得保持仪态优雅，与人谈笑风生，内心又不免担心孩子的比赛表现。比赛过程通常漫长而枯燥，于是你很想看看手机（每次拿出手机来又会感到愧疚）——要不了多久，孩子们的足球场在你眼里就变成危机四伏的地雷阵。

在这样的时刻，你可以做些事情来解压。第一步是承认自己并不喜欢足球，也不喜欢参与和足球有关的活动。这并不意味着你就是"坏父母"，也不是说你不爱自己的孩子——你只是不喜欢足球而已，不必为此小题大做、上纲上线。

第二步，考虑自己想做点什么。如果你不得不去参加比赛，就要了解自己的情绪触发器，并想好该如何应对。比如，吃一顿丰盛的早餐，带上零食和水杯，戴上遮阳帽，准备好椅子和书籍。你还可以绕着球场走几圈，塞上耳机听一段喜欢的广播剧或有声书。你不用太介意别人的想法。（要做到这一点并不容易，有时你可能觉得自己既不友善也不合群。但你要明白，这么做并不是不关心孩子，正好相反：只有照顾好自己，你才能控制好情绪。）

此外，你还有一种选择：干脆别去看足球比赛，让你的爱人或孩子的祖父母去，或者请其他家长帮忙接送一下孩子。你可以用许多方法来表达对孩子的关心和鼓励，不必事事亲力亲为。如果有些事情惹你心烦，那就索性不要做，这样才能腾出更多时间和精力做其他事情。（看足球比赛只是一个例子，让你觉得烦躁的也可能是机器人比赛、单簧管练习或者模拟联合国活动。你可以戴上耳机，到户外散散步，或者干脆找人拼车接送孩子。无论如何，你都要尽量排除生活中的情绪触发器。）

重大人生变故　包括丧亲、离婚、搬迁、失业、生病或受伤。遭逢重大变故时，我们最需要进行自我关怀，但正是在这样的时候，我们也最不可能去关心自己。人生真是挺讽刺的。

慢性压力　我在后面几章会提到，当你认为自己无法控制局面时，这样的想法、信念或感知就会形成压力。无论你的感觉是否准确，压力对每个人来说都是强大的情绪触发器。

你现在究竟该做些什么

感恩

有位社会工作导师喜欢提醒我，人生经验其实是安慰奖——获奖的都是比赛的失败者。如果你现在感到迷茫，也许就能明白这句话的深意了。

其实，你根本不用去修理那些情绪触发器，也不必将它们彻底清除。正相反，你只需专心做到三点：觉察（Awareness）、接受（Acceptance）和行动（Action）。

所谓觉察，是指你意识到自己有可能或已经被激惹。如果你能觉察到自己的"症状"（比如屏住呼吸，或者趁孩子不注意时偷偷竖中指），将其看成有益的提醒而非不相干的刺激，那你就有可能在爆发之前控制好自己的情绪。我们将在第八章详细讨论这种觉察的技巧——为何觉察如此重要，该如何掌握这种能力。

第二步就是接受你被激惹的事实。也许你想装作什么都不知道或者咬牙强撑下去，但这些做法一般都不会奏效。你的神经系统才不会分时间、场合呢，该发作时就会发作。你越奋力抵抗，就越觉得焦灼、烦躁。但必须说明的是：接受并不意味着躺平，不是任凭情绪触发器摆布，而是接受现实。比如，当你读到这一章时的反应是眯缝着眼睛，

> 消消气
>
> 如果我们把所有的情绪触发器清除干净，那该多好！还是别做白日梦了。

用手堵住耳朵，大声唱着"啦啦啦啦啦"，那说明你该做点别的。如果和你哥哥发短信会让你感觉心烦意乱，那就坦然接受这个事实，再考虑怎么办。你现在是大人了，完全可以做到。

做到觉察和接受这两步（哦，要是这么简单就好了），你就可以采取行动了。这时，你也有两个选择：要么解决问题，要么学会和平共处。

我们先来讨论"解决问题"，因为这是最佳选择。如果我们把所有的情绪触发器清除干净，那该多好！还是别做白日梦了。真正奏效的解决办法少之又少，如果你真的能找到，那就立即行动吧。比如，马上辞掉讨厌的工作，在火车上戴上降噪耳机，退出某个烦人的委员会，在父母不请自来时翻脸，或者立即去做一次肩颈治疗——如果你能做到，那就立即去做吧。但是，如果你无法解决这些问题，那就需要学会与它们和平共处。

在接下来的几章中，我们会详细探讨如何与情绪触发器共处。我先分享自己生活中一个例子。上次度假时，我们全家来到一家小餐厅，等人带我们找到座位后吃早餐。那家餐厅只有一个房间，灯光明亮，人群拥挤，环境嘈杂，不断有人推推搡搡地从我身边经过。我饥肠辘辘，昨晚在酒店也没睡好，身边又布满情绪触发器，当时我就像一只硕大的红色情绪按钮，而我家熊孩子还在乐此不疲地按上按下。女儿们不停地大声嚷嚷，冲别人指手画脚，一会儿拽我胳膊，一会儿踩我脚，还没完没了地提出各种无厘头的问题。

当时我正在写这本书，所以清楚地意识到自己被激怒了。我曾与丈夫谈论过这个问题，当时他也意识到了这一点。他看出我有些心神不定，一找到座位就让我坐在靠墙的位置（最不容易被人推搡或撞到的地方），并告诉女儿们在早餐端上桌前不要打扰我。

在通常情况下，我可能会变得尖酸刻薄，没准会恶声恶气地叫丈夫别指挥我干这干那，还管我坐哪个位置，好像我精神不正常似的（其实，那一刻我的精神确实有点不正常）。但当时我不仅觉察到了，而且接受了一个事实，即我的情绪快要失控了。于是，我接纳了丈夫的建议，安静地在角落里坐下。丈夫接着就去哄孩子们，而我则盯着眼前的咖啡杯，慢慢调整呼吸。等我们吃完早餐，全家决定不打车，步行回酒店。对我来说，最有效的恢复平静的两个策略就是在户外并活动身体。这些行动——包括深呼吸、吃饭、到户外和散步——都有助于我在带孩子外出度假时尽量保持心情平静。虽然我无法彻底消除那些感官刺激给我带来的压力与不适，但我正试着与它们共处。

生活中的各种情绪触发器确实非常讨厌，但又不可能完全避免。好在我们可以学习如何合理应对，能避免的时候尽量避免，无法避免的时候就尽量将危害降到最低。要做到这一点，你需要稍加学习并改正一些生活习惯，但这些策略不仅简单明了，而且会渐渐熟能生巧。有许多方法可以用来减少或管理生活中的情绪触发器，我们将在下面四章中详细展开讨论。

消消气

我就像一只硕大的红色情绪按钮，而我家熊孩子还在乐此不疲地按上按下。

第四章

少做一点，脾气会更好

被人误解的"自我关怀"

"一心多用"没你想的那么好

手机会让你情绪失控

在以下四章中，我将介绍 11 种练习方法，它们可以安抚神经系统，让你的大脑保持思路清晰和功能正常（至少能让你那晕乎乎的大脑达到最佳状态），并显著减少你在孩子面前暴跳如雷的频率。对整日奔波劳碌的父母来说，这些内容可能看起来有些复杂。那我不妨开门见山，先从四个没的商量的必要练习讲起，即"一心一用""睡眠充足""寻求支持"和"自我关怀"（self-compassion）。

我知道，这几条看起来像是自我关怀的内容。如果你不喜欢"自我关怀"这个词，或者觉得它有些矫情，那请记住一点：这么做并不是为了你自己，至少不仅仅是为了你自己。

消消气

> 如果你不喜欢"自我关怀"这个词，或者觉得有些矫情，那请记住一点：这么做并不是为了你自己，至少不仅仅是为了你自己。

这么做是为了你的孩子，为了维护亲子关系，也是为了营造和谐的家庭氛围。这么做也会让你觉得自己不再是个乱发脾气的疯子。如果把它们看作"为了不再对孩子乱发脾气必须做的事"能让你感觉好点，那也可以。

尽管这个表述很贴切，但"为了不再对孩子乱发脾气必须做的事"听起来还是有些啰唆。所以，我把下面 11 个方法称为"减压练习"。这些练习不仅免费，而且简单易行，还有证据支持，专门用来让情绪按钮变得更小且不那么敏感。

话虽如此，你还是需要投入一定时间和精力才能看到变化。如果管理情绪那么简单易行的话，你早就做到了，不是吗？不过，等你不再轻易冲孩子发火时，你就能有更

减压练习指南

这里罗列了书中所有减压练习及其对应章节：

第四章 一心一用

第五章 睡眠充足、寻求支持和自我关怀

第六章 简化生活、伸展运动、保持安静、放慢脚步、感恩、深呼吸

第七章 与孩子保持距离

多时间和精力了。另一个好处是，你也不太会丢三落四、手忙脚乱了，也不会发送一些无意义的邮件或推文了。简而言之，你不再浪费生命去处理那些毫无意义的纠结和纷扰，不仅身体会更健康，心情也会变好。

如何做好减压练习

当你打算让生活有所转变时，请先别急着纠结有没有合适的服装或道具（完全没必要），也别担心自己练得"对不对"或"好不好"。这种非黑即白的思路注定会失败，请别这么想。如果你打算忙里偷闲地做这些练习，不妨先考虑以下两个问题：

是否可行？ 你真的能做到这些事吗？如果不能，那你能否根据自己的情况稍做调整，或者找到更好的替代方案？这些减压练习对所有人来说都切实可行，比如只需简

消消气

这种非黑即白的思路注定会失败，请别这么想。

单活动一下身体，或者每天晚上少碰一个小时手机。如果你真觉得自己做不到，那可能是你的生活方式存在一些问题。当然，我并不是说你没有能力做到心平气和，而是说你没有一种心平气和的生活状态。我希望你能看到二者的区别。

是否奏效？ 这个练习能否帮助你减少乱发脾气的次数？如果能，那太好了！如果不能，那就该考虑两个问题：（1）你是否真的在做你声称正在做的事情？（2）也许再坚持一段时间才能看到效果。即使答案都是"否"，那也没关系，你还可以重新开始。罗马非一日建成，坏脾气也绝非一夜之间就能改掉。当然，如果你认真坚持了好几个星期还是毫无起色，就应该试试别的办法了。你不妨检视自己的情绪触发器，回想一下情绪失控时有何规律，通常有什么表现，何时何地容易发生，一般是出于什么原因。也许你就知道下一步该怎么走了。

下面是一些关于减压练习的说明：

❤ 我特意使用"练习"（practice）这个词。这里不是指从事某种工作（比如在牙科诊所或律师事务所实习），也不是你觉得可以偶一为之的活动。你明白我的意思。如果你穿着运动服不去健身，而是坐在沙发里查看电子邮件，那可不是练习，你要离开沙发才行。

假如你没有心平气和的生活状态

如前所述，如果你忙得连睡觉、伸展身体或者放慢脚步这类事情都做不到的话，那你这种生活状态本身就不适合心平气和地养育孩子。这么说可能令你不快，但事实的确如此。记住，这个问题不是关乎你，而是关乎你养育孩子的环境。我见过许多有类似问题的父母，他们都在苦苦挣扎。话虽如此，改变是可能的。尽管难度不小，耗时漫长，还需要获得很多支持，但情况还是可以改善的。

以下是我的朋友和客户为应对生活和育儿的挑战而做出重大改变的例子：

- 推掉全部或大部分志愿者活动或非强制性义务。
- 减少参加孩子的活动，比如体育运动、音乐课或其他课外班、社团。
- 向朋友和家人求助，获得明确且持续的支持，包括日常相互照看孩子、有规律地拼车接送孩子等。
- 从全职工作转为兼职工作。
- 离职（至少暂时如此）。
- 请保姆或其他人照看孩子。

这些改变看起来很大，甚至有些难以实现，但未必是永久性的变化。给自己和家人一点时间安定下来，平复心情，让一切回到正轨，然后你才能审时度势，做出下一步的安排。

❤ 这些练习是"剂量依赖性"的。简单来说，就是你练得越多，收效就越大。当然，我并不是说你每天应该睡15个小时（虽然听起来不错），而是要保持平衡。只要你能坚持伸展身体、放慢脚步或深呼吸，就能在遇到压力时保持冷静，淡定应对。

❤ 说到"剂量"，你挣扎得越痛苦，就越需要这些减压练习。当你得了流感病倒时，肯定需要比平时更多的休息。当焦虑感暴增时，你就更要尽量放慢脚步，每次只做一件事，寻求更多的帮助和支持，最好还要伸展身体。另外，别等到情绪快爆发了才想起练习。养成好习惯不是一件容易的事，不要拖延，更不要等到状态最糟时才开始尝试。

❤ 最后，记得要有规律地定期进行减压练习。每天都做的事情永远比偶尔为之的事情更重要。我女儿有时候会胡搅蛮缠，说今天用过一次便盆了，就再也不用了。你可别有这样的想法。你要持之以恒，即使遇到挫折也别轻易

消消气 - - - - - - - - - - - - - - - - -

你不用成为"优秀"的父母，只要达到"良好"就行了。只要你偶尔能想到练习，就已经很棒了。

放弃，振作起来，坚持下去。

💕 了解你最大的情绪触发器，并进行针对性练习。如果你经常感到疲劳，就要多补充睡眠。如果你经常感到压力，或者丢三落四，就多做"简化生活"和"一心一用"的练习。

这些练习无须复杂艰深的专业知识，也不用花费太大力气。你用不着成为素食主义者或者热瑜伽高手（如果对你有益，当然也可以尝试）。这些练习简单易行，既不要求花哨的装备，也几乎不用花钱。你不妨这么想：你不用成为"优秀"的父母，只要达到"良好"就行了。只要你偶尔能想到练习，就已经很棒了。如果孩子考试没有得优，你就要让他退学，那孩子就没有机会再接受任何教育了，更糟的是，你还得整天在家里管着他。所以，你还是会继续送他去上学。同理，即使遭遇困难，你也应该坚持练习。只要经过大量练习，孩子成绩就会提高，你也能更好地控制情绪。

我先介绍四个基本练习："一心一用"（Single-tasking）、"睡眠充足"（Sleep）、"寻求支持"（Support）和"自我关怀"（Self-compassion）。（没错，你会发现它们都以字母"S"开头，谢谢你注意到我很聪明。）简单来说，就是白天每次只做一件事；晚上也只做一件事（那就是睡觉）；尽量寻求更多的支持；如果压力太大或情况太糟，请允许自己躺平。

这四个减压练习都是不可退让的底线。本章接下来将讨论"一心一用"的强大效力，它可以帮助你更好地控制情绪。

丈夫让我别洗碗

"我太累了，撑不住了，真的撑不下去了。你先把孩子们带走吧，我需要泡个澡，发一会儿呆。"每次把孩子交给丈夫时，我都会这么说，尤其是在我一个人陪伴孩子很长时间后。无论孩子们表现乖巧还是不停胡闹，带孩子都会把我折腾得筋疲力尽，时常处于情绪爆发的边缘。

我丈夫却正好相反，即使一整天陪着孩子，也不会感到太大压力或疲倦。每次我问他感受如何，他都说"还行"，事实的确如此。倒不是因为孩子们和他在一起时特别乖巧听话，而是因为他不太在意孩子制造麻烦和胡闹，可我对此就特别敏感。

渐渐地，我对这种差异产生了好奇。我丈夫有什么秘诀吗（或者仅仅是他天生比我沉稳淡定）？正是在那个时候，我开始学习正念，而正念练习的关键就是"觉察"。每次我结束正念课程回家，都会立刻觉察到家里乱成一锅粥，不用问都知道他们在家干了些什么。看一眼散落在客厅里的玩具，我就知道他们玩过记忆游戏和拼图，从厨房的脏盘子就能看出他们晚饭吃了什么,还有《贝贝熊系列绘本》(The Berenstain Bears)仍然乱七八糟地摊在沙发上。

面对乱七八糟的房间,我的第一反应是恼怒、沮丧和挫败,但最主要的还是生气。我带孩子的时候从不会把家里弄成这个样子,当我丈夫回来时,家里总是窗明几净、整洁有序,洗碗机发出轻轻的蜂鸣声。为什么他就不能为我做这些事呢?

我们为此争吵过好几次。后来我逐渐意识到,家里的状况和我的情绪状态是存在关联的,但又和我原先的理解不一样。对我来说,房间杂乱是一个强有力的情绪触发器(当时我并未意识到),所以我和女儿们在一起时会不停打扫卫生。陪女儿们玩《糖果乐园》(Candy Land)棋盘游戏时,我会翻开一张牌,然后把棋子移到相应的位置上,在下一回合前叠好几条毛巾,同时暗暗诅咒发明这个乏味游戏的人。在给女儿们大声朗读图画书时,我心里会盘算接下来该做些什么。当女儿们发生争执时,我会一边协调,一边切黄瓜。在给朋友们发短信的同时,我会用厨房毛巾填充毛绒玩具。我很少坐下来陪女儿们吃饭,而是趁这个空当去清空洗碗机或者写下购物清单。

我总是忙个不停,而且倍感压力,因为我总想在一段时间内同时完成好几件事。但我丈夫从来不这样。他带孩子的时候就是单纯陪在她们身边,虽然一天下来家里弄得乱七八糟，但他不会感到心力交瘁，更不会暴脾气一触即发。我俩的区别在于，我总是"一心多用"，而他不是这样。

当我意识到这一点后，就开始尝试做些改变（当然，我没向丈夫透露这件事）。如今忙了一天后，我允许脏碗碟堆在水槽里，玩具扔得满地都是，记号笔还放在厨房台面上。有时我会叫孩子们在睡觉前收拾一下自己的东西（如果家里乱得让我心烦意乱，那我们就会停下手头的事情，花点时间一起收拾）。其实，收拾房间最多不会超过 20 分钟，但这样的安排让我不再感到那么烦躁。现在，只要我在孩子身边感到紧张、焦虑，首先就会反省是不是又在"一心多用"了。如果是这样，那我就会让大脑休息一下，努力关注眼前的事情，让情绪慢慢恢复平静。

消消气

"一心多用"其实并不存在。这只是愚蠢的人类生造出来的概念，用来欺骗我们能够同时完成好几件事情。

"一心多用"的误区

读到这里,我希望你已经意识到"一心多用"其实并不存在。这只是愚蠢的人类生造出来的概念,用来欺骗我们能够同时完成好几件事情。其实,我们根本做不到,但又不愿意放弃这个幻想。正因如此,我们才会一边煮面条,一边想着单词拼写,一边听着嗡嗡作响的电话铃声,一边吼孩子去冲马桶。但因任务切换过于频繁,身体和意识就跟不上了,于是面条溢出锅了,单词也拼错了,马桶最终也没冲,结果闹得鸡飞狗跳。

说到这里,我们不妨来谈谈压力问题。人们经常提到"压力"这个词,却未必真正理解其含义。如前所述,我喜欢给"压力"下这样的定义:**压力就是你觉得无法应对正在发生的事情时的信念、感受或想法。**

只要你觉得自己没有能力或精力去应付某种情况,无论是面对发高烧的孩子、遇到轻微剐蹭的交通事故,还是昨晚忘记把湿衣服放进烘干机里,都会让你倍感压力。有时你的感知很准确:既然无能为力,那就需要寻求帮助或建议。但很多时候,你在完全能够应对的情形下还是会感到压力很大。总而言之,只要你觉得心烦意乱,神经系统就会亮起红色警报,此时的你就很难控制好情绪,容易冲孩子乱发脾气。

"一心多用"的做法很容易让你觉得自己疲于应付,对生活失去掌控。道理很简单,你抛向空中的球越多,就越可能有球掉下来。当然,有时你没想到有那么多球朝自己飞来,这时只能请人帮忙接球,或者干脆让几个球落地,才能一直坚持到演出结束时。但你可能从未想过,只要放弃几个球,哪怕只是短短两分钟或十分钟,一心一意盯着眼前那个球,就会如释重负。

研究发现,"一心多用"会间接给人造成压力,主要表现在以下几个方面:

❥它让我们心烦意乱,无法集中注意力,结果可能会打翻蓝莓碗,弄丢孩子的请假条,或者忘记给婴儿座椅系上安全带。

❥它让我们更加焦虑,并抑制我们的创造力。我们会杞人忧天,也想不出什么有效的对策。

❥它使我们更容易错过重要的信息和线索。如果我们

消消气

"一心多用"的做法很容易让你觉得自己疲于应付,对生活失去掌控。

第四章　少做一点，脾气会更好

"一心多用"也包括"一心多念"

"一心多用"不仅指同时做好几件事，还包括同时有好几种想法，即"一心多念"。当你心里的念头和手头的事情没太大关系时，就更容易引来麻烦。

举个例子，你想让孩子学会骑车，但卸掉自行车辅助轮后，孩子变得战战兢兢，不肯听从你的指示和建议。这时，你不仅要照看颤颤巍巍骑车的孩子，还要警惕身边有没有车辆驶过，恰好又看到街区其他孩子正骑车飞驰而过，不禁脑补自家孩子因为不会骑车而一事无成的悲惨画面，顿时会感到不堪重负。

许多父母无时无刻不在评判和比较自己的孩子，一边对他施压，一边替他担心，总是在纠结他现在做得好不好，将来会成功还是失败。这些挥之不去的念头是一种隐晦的"一心多用"模式，也是导致许多父母情绪失控的常见原因之一。正是出于这个原因，你才会毫无来由地大声训斥孩子，结果使他更加焦虑、烦躁，骑车时也更加紧张。

为了避免"一心多用"，你首先应该觉察到自己脑补过多的问题，然后尽量集中精神（第六章会深入讨论），把注意力放在孩子身上，无论他会不会、好不好，你都要心平气和地接受他此刻的状态。如果你做不到这一点，可以拜托其他人来教他骑车。总而言之，一旦发现自己在分心神游，请立即收回思绪，让注意力回到正轨。

能及时察觉孩子饿了或累了,就可以让他吃点东西或睡上一觉,他就不会哭闹了。

💕**它反而降低了我们做事的效率。**如果我们三心二意,不仅会事倍功半,有时还会搞砸。

"一心多用"的做法不仅普遍存在,而且难以察觉,很多时候我们甚至没有意识到自己在分心。这当然也是育儿过程中情绪失控的一个常见原因,可惜尚未得到足够的重视。事实上,同时做好几件事本身就是一个情绪触发器。"一心多用"让人误以为自己高效、成熟、很棒,殊不知正在将自己推向崩溃的边缘。当你了解这一点后,请别大发雷霆哦。

当然,我并不是要你变成超级专注、行动迟缓、修道士般的父母。别忘了,我们不需要追求完美。我只是在提醒你"一心多用"的害处,让你意识到自己其实对生活拥有更多掌控权。

如何停止"一心多用"

需要说明的是,我并不是说你绝对不能同时做好几件事。其实,你也做不到,所以不必有这样不切实际的想法。我只是希望你能意识到,"一心多用"很可能会影响情绪稳定。若要管理好自己的情绪按钮，你可以采用一些策略，其中之一就是"一心一用"。

所谓"一心一用"，就是每次只做一件事，这种感觉会非常好。全身心投入一件事有助于你减轻焦虑、增强信念，从而更好地管理你的情绪按钮。当你的压力减轻了，你就会变得更加平和，思路更为清晰，也更有创意，自然能做出最好的决策。做到这一点，你就迈出了成为"禅师"的第一步（恭喜你，后面只剩4347步了！）

本书推荐的各种练习都是说起来容易做起来难（话说也没那么难）。其实，每次只专注一件事并不难（除非这件事是玩《糖果乐园》游戏）。你之所以觉得难，是因为大脑还没有得到充分的训练。以下四个步骤可以帮助你开始练习：

1. 觉察到你正在"一心多用"。
2. 记住你可以选择每次只做一件事。
3. 决定是否现在就该只做一件事。
4. 无论如何都要坚持下去。

第一步：要尽量意识到自己正在"一心多用"的时刻。 如果我没记错的话（我确实没记错），这种情况比你想象的更频繁：在拼车专用道（carpool lane）边开车边发短信；玩四子棋（Connect Four）时，在等孩子落子期间浏览脸书（Facebook）；一边做午饭，一边给孩子涂防晒霜；一边敷衍地和丈夫聊天，一边追看真人秀综艺节目《粉雄救兵》（Queer Eye）本季完结篇……"一心多用"的结果是：跟在你车后的父母们不耐烦地冲你按喇叭；爱挖鼻孔的 6 岁小孩玩四子棋也能打败你；你误将花生酱当成防晒霜涂在孩子的胳膊上；你稀里糊涂地答应陪丈夫去看车展……真是糟糕透顶！你可能就要冲孩子发飙了吧？记住，如果你从未意识到自己正在"一心多用"，就无法改掉这个坏习惯。

第二步：提醒自己完全可以选择每次只做一件事。无论你手头正在忙什么，都可以做到每次只做一件事，也就是让你的精神意识与身体行动协调一致。当你感到压力很大或筋疲力尽，任务过于艰巨或枯燥时，都是很难集中注意力的。此时练习"一心一用"会有所改善，我在本章会介绍如何练习。

第三步：判断此刻是否可以"一心多用"。虽说可以做到每次只做一件事，但你也不必执着于此。有时"一心多用"是有益的。比如，我喜欢一边听有声读物一边叠衣服，一边看电视一边织毛线，一边散步一边打电话。若想判断"一心多用"是否合理，你不妨问自己以下问题：

- **你是否觉得紧张、焦虑或疲惫了？** 若是，那你应该少做点事，否则很快就会控制不住情绪了。

- **如果事情搞砸了，后果严重吗？** 如果只是漏听了一段有声读物，或者把我的袜子放进女儿的抽屉里，那没什么大不了。但是，如果你边开车边发短信，或者一边辅导孩子作业，一边编辑重要的工作文件，那别这么做。因为你不仅会搞砸，还会惹出大乱子。

❥ **你是否和孩子在一起？** 孩子在你头脑中占据的空间比你意识到的大得多。如果孩子在身边，父母的大脑就像一台全速运行的电脑，此时再打开一个程序就会卡顿，甚至开始冒烟。无论你是全职在家照顾孩子的父母，还是一半在办公室一半在家陪孩子的父母，都是如此。如果你不信，那就下次陪孩子玩优诺纸牌游戏（UNO）时试着发短信，或者在网上研究足球护具时试着支付账单，留意一下此时的压力水平，看看是否快爆发了。怎么样，我没说错吧？

第四步：坚持下去！ 在坚持练习的同时，请关注一下你的切身感受和事态的发展。想一想，此刻可以"一心多用"吗？如果可以，但做无妨。如果不可以，那就回到第二步。

如果你是居家办公或工作时间有一定弹性，特别是能随时接听电话或收发邮件和短信的话，那就很难做到一心一意地陪伴孩子。这是一把"双刃剑"，很难两全其美。如果忙碌的父母希望在照顾孩子的同时也能完成工作，以下几条建议也许有所帮助：

💕**接受你无法完成所有工作的事实。** 别苛求自己。如果水槽里还有脏盘子，有些事情还没预约上，或者还没回朋友电话，那也没关系，既不表明你不够成熟干练，也不能说明你育儿失败。实事求是地接纳自己，承认有些事能做到、有些事做不到，并做出明智的选择，才能减轻压力、保持冷静。

💕**设置一个 10 分钟或 20 分钟的固定时间段。** 你在这段时间里要专心陪伴孩子，然后让孩子看看书、玩玩游戏或者在网飞看剧——反正能让他自娱自乐就行，你就可以专心去做自己的事了（如果孩子正在打盹，那就等他睡着再说）。

💕**任务切换要明确而清晰。** 比如，你可以跟孩子说："好了，等我们拼完这幅拼图，我要休息一下，回复几封工作邮件。我处理完就会回来帮你拼下一幅拼图。"

💕**寻求帮助。** "父母小帮手"（有些孩子还没到当临时保姆的年纪，但当你在家工作时，可以过来陪你的孩子玩）是个不错的选择，通常比临时保姆收费低。如果你不打算花钱雇人照顾孩子，不妨考虑互助合作的方式，比如在网上组织社区互助育儿组织。

💕**教孩子做家务。** 这肯定要花不少时间和精力，但非常值得一试。要不了多久，孩子就可以分担你的家务，而不是一味给你添堵。哦，这本来就是有着悠久历史传统的育儿方法，应该发扬光大。

💕**不理睬孩子**。我不是在开玩笑。你要教会并鼓励孩子自娱自乐。偶尔感到无聊对孩子是有益的。你不必时刻关注孩子，也不必总是陪他们玩（第七章将进一步展开讨论）。

如何让"一心一用"变得更简单

下决心做到"一心一用"已经迈出了重要的第一步，但这还不够。如果你的大脑一直处于"一心多用"的状态（事实的确如此），让它慢下来反而会有些不习惯。"一心一用"的技巧需要勤加练习。这里介绍一些方法帮助你更轻松地集中注意力。

💕**记住，"集中注意力"并不是要求你做每件事时都要心无杂念、全神贯注**。能做到那样固然很好，但你做不到也不必焦虑。只要你尽量持续保持专注就行，一旦觉察到自己在分心走神（这在所难免），就把注意力放在手头的事情上。

💕**充足的睡眠**。疲劳的大脑就像一只蠢蠢欲动的松鼠，不管看到的是不是橡果，都会急于追逐。相反，你睡眠越充足，就越容易做到"一心一用"，并把事情做好。

因地制宜练习"一心一用"

也许多年来你一直都在"一心多用",想改变这样根深蒂固的习惯并非易事,所以事不宜迟,尽早开始练习吧。没有压力的时候勤加练习,才能在紧张忙碌的日子里纯熟运用这些技巧。

为此,你不妨先从自己喜欢(或者至少不讨厌)的一两个日常活动入手,只需专心做那件事情就行。比如,享用咖啡或茶,读晨报,从地铁站走到办公室,或者在学校门口等着接孩子。在做这些事情的时候,请关掉广播或电视,收起手机。每当你觉察到自己走神,就立刻拉回思绪,把注意力放在正在做的事情上。

拿我来说,我会选择淋浴和读书给孩子听。如果我淋浴时一直心不在焉,洗完澡后虽然头发湿漉漉的,却记不清到底有没有洗过头。至于读书给孩子听,毫不夸张地说,我可以一边大声给女儿们朗读一本书,一边回想和朋友某次奇怪的交流,或者琢磨我有没有提醒丈夫清理猫砂,甚至还能做一些职业规划和人生思考。这听起来很酷,其实一点也不好。当我快读完那本书的时候,会觉得筋疲力尽、心力交瘁,情绪按钮变得又大、又亮、又红。如果这时女儿们让我再讲一个故事,我就要发飙了。

💕 **写下来**。如果有些事让你思前想后、心烦意乱，你又担心会忘记，那不妨写下来。把便笺放在橱柜或床头柜上（在床上就不要"一心多用"了），花点时间把心里惦记的事情写下来。建议你用传统的纸笔而不是智能手机上的"备忘录"，否则你看到屏幕就会没完没了地刷手机，浪费大量时间。

💕 **讲述你的经历**。把你正在做的事情说出来，比如"我正走到食品柜去拿意大利面。现在我把水倒进锅里，然后把锅放在炉灶上"，出声或不出声都可以。这听起来有些傻，但特别有助于释放压力、缓解疲劳。讲述自己的经历也让你更容易专注于手头正在做的事，不会心猿意马地开小差。你的压力会慢慢减轻，记忆力随之增强，不会再糊里糊涂地忘记关掉炉火。

放下该死的手机

智能手机和平板电脑是导致许多父母"一心多用"和情绪失控的常见原因，因此有必要专门讨论一下。这些电子设备会让你知晓许多负面新闻，或者不断提醒你老板、婆婆或家长委员会的珍妮要你做这做那，惹得你焦躁不安。就算你看的是一些滑稽或温馨的内容，只要孩子一走进房

> 😊 消消气

> 与手机保持距离,这是你为提高生活质量和育儿能力所做的最重大改变之一。

间,你就会觉得他打扰了你的美好时光,让你十分不爽:"这熊孩子为什么就不能让我看完最后五分钟滑稽的蜜獾视频呢?他究竟想让我干什么?"这么想着,你就很容易冲他发火了。

与手机保持距离,这是你为提高生活质量和育儿能力所做的最重大改变之一。所以,放下手机吧!确切地说,是把手机放在另一个房间(研究表明,只要手机放在身边——哪怕是关机——也会让人分心)。只要手机放在触手可及的地方,我们就无法专心致志,容易变得心浮气躁。手机是各种压力的主要来源。

如果你觉得自己离不开手机,并不是因为你意志力薄弱或天性软弱,其实大家都差不多。手机的各种应用程序故意被设计得新鲜有趣、夺人眼球,让人欲罢不能。那些精明能干的科技人员拿着优渥的酬金,就是为了研发出最有效的策略,让人们将大量时间花在那些手机应用程序上。

用户仅仅购买或下载那些应用程序对他们来说是不够的，他们还希望用户不停地点击和刷新。我们玩《消消乐》游戏或者双击图片的次数越多，就越有可能看到他们发布的广告，也就越有可能去点击那些广告，当然也就越有可能去购买广告里的商品。这样一来，人人都能获益，除了我们自己。其实，我们完全可以选择不落入那些阴险的陷阱。我们不必放弃心爱的手机也可以夺回时间和心智。

在以下几条建议中，你可以从最适合自己的开始做起：

冷静点。提醒自己，你无须第一时间阅读每一条短信、每一封邮件或每一则新闻，这真的没必要，大可稍后处理。生活中并没有那么多需要立即应对的紧急情况。也许你会漏掉某则最新报道，或者错过一两个"游戏约会"的邀请，但你也因此拥有理智、平和的心态，这是值得的。

关闭提示音和振动。如前所述，人类的大脑根本抵挡不住手机提示音的干扰，所以一定要关闭。除了来电和短信外，确保你的手机不会发出任何提示音，不会振动，也不会亮屏。

让自己免受干扰。学会经常使用"勿扰"（Do Not Disturb，简称 DND）模式。我的手机就设置了这个模式，当我在工作或陪孩子时，只有最重要的电话（来自我父母、丈夫或女儿就读的学校）可以打进来。每天晚上9点到次日早上7点之间，我的手机也会自动切换到"勿扰"模式，这样就避免了晚间的打扰。

💕**让手机为你所用**。充分利用手机的各种设置来监控和限制你的屏幕使用时间。这项功能（苹果手机称为"屏幕时间"，安卓系统称为"数字健康"）可以统计你在各种手机应用程序上花费的时间。此外，你还可以设定在各个应用程序上耗时的上限，以免过度沉迷。

💕**消除各种干扰**。卸载那些并非真正需要的手机应用程序，尤其是容易上瘾的。我已经卸载了脸书、推特和我最喜欢的填字游戏，因为它们太容易让人着迷了。你会在哪些手机应用程序上花费大量不必要的时间呢？坦诚面对问题，然后把它们卸载吧。

💕**假装它是老式电话**。把你的智能手机当成老式电话，还是挂在墙上的那种。以前只有电话铃声响起时，你才会停下手头的工作，走到电话旁接听。因为电话线长度有限，你也不能在房间里自由走动，一边聊天一边做其他事情。现在，你不妨从口袋里掏出手机，把它放在原来安装电话的地方，当你需要打电话或发短信时才走过去使用，其他时间不要动它。

💕**不要事事依赖手机**。即使手机功能强大，你也别过分依赖它，尽量使用传统做法。在橱柜上放一台收音机，每次你想听音乐时就不必找手机了。如果你喜欢读电子书，那就买专用设备，不要用手机上的读书软件。在白纸或笔记本上手写待办事项、做笔记。

❤ **佩戴智能手表。**如果你既想远离手机的干扰，又担心错过重要的电话或通知，那么智能手表是个不错的选择。不过，你要抵制诱惑，不要下载各式各样的小游戏，关闭不必要的通知，然后把手机放在另一个房间。别忘了，智能手表本身也会带来干扰。还是坦诚面对自己吧，如果它确实干扰到你，那就别再佩戴了。

❤ **找点别的事情做。**当你候诊时，或者想趁孩子们玩得很开心时稍微休息一下，不妨找些别的乐子。智能手机与杂志、报纸可不一样，闪烁的屏幕会牢牢抓住人们的注意力，而这在读书、织毛线或学习乐器时是不可能发生的。如果你做的事情不像刷手机那么令人着迷，就会更有耐心地回答孩子的问题，或者较快开展下一项活动。

❤ **选择一个不会激怒你的默认应用程序。**如果你确实放不下手机，那就选择一些"温和"的应用程序，既不会心烦意乱，也不至于欲罢不能。这就是两害相权取其轻。你可别选择新闻类应用程序和社交媒体，像冥想类应用程序、电子书、数独游戏、填字游戏或者有时间限制的小游戏则更好。不过，如果你会为了填字游戏而躲在卫生间里冥思苦想，那还是把它卸载了吧。

❤ **不要带手机上床。**刺眼的屏幕会让你难以入睡，也睡不安稳。切记，疲劳也是一个重要的情绪触发器，我会在下一章专门讨论这个问题。

💕**无论如何，切勿在开车时使用手机。**如有必要，你可以把手机放在后备厢里。如果你需要 GPS 导航，或者要为孩子播放播客，那就先设置好了，然后再开车上路。到达目的地前，请不要再动手机。如果还没到达目的地，播客就播完了，那就让孩子听广播或者干脆安静地坐着。别担心，孩子不会有事的，没准几年后还会在大学作文里提到这件事呢。记住，孩子很快就会开车了，此时正在学习你的开车习惯呢。

💕**留出特定时间来刷手机。**你没必要完全摒弃智能手机（但我有些朋友确实选择回归老式翻盖手机，并感到心满意足）。当孩子上床睡觉或上学时，或者在两个会议的空当时间，你可以拿出手机来刷一会儿。不过，你要提醒自己别刷得太入迷。

无论你决定采取什么步骤，最终目标都是要觉察到自己正在"一心多用"，想同时做太多事情。"一心多用"或许是个有用的策略，但对大多数父母来说，也是一个重要的情绪触发器。一旦意识到这个问题，你就可以选择暂时不去洗衣服，放下手机，专注于手头的事务，哪怕只是坚持几分钟也好。一天下来，这些短暂的专注时刻能有效减轻你的压力，让你冷静下来，保持淡定。

第五章

必修的减压练习

睡觉！睡觉！睡觉！务必保证充足的睡眠

社会支持必不可少

不要过于苛责自己

也许你正在努力做到"一心一用",接下来我将谈谈应该把宝贵的时间和精力聚焦在哪些事情上。本章将深入探讨三个重要练习:睡眠充足、寻求支持和自我关怀。

睡眠充足

它远比你想象的重要

如果你睡眠充足,醒来觉得神清气爽、充满活力,那就好好保持下去!但是,如果你睡不踏实,或者白天总是觉得疲惫不堪,那请继续往下读。

说来你可能不信,如果每晚只睡 5 个小时,你的健康就会出现问题,即使周末补觉也无济于事(再说了,你怎么可能补觉呢?周末还得带孩子呢)。说真的,反正等你死了就不需要睡觉了(这像是大学新生编出来的幼稚冷笑话)。

睡眠不足会影响人的情绪、心理和身体机能,让你失去判断力,无法清晰思考,还会破坏心情,让你很容易情绪失控。你觉得自己就像喝醉了酒,完全没有微醺时那种

感到疲惫时怎么办

如果睡眠质量一直不太好，人就会感觉很糟糕。我有过同样的经历，所以感同身受。不过，再大的麻烦总有解决的一天——终有一天，你会完成庞大的项目，宝宝能学会整夜安睡，丈夫也能停止打鼾。此外，以下几条建议可以帮助你守得云开见月明。

❤ 坦然接受自己疲惫不堪的事实，不要否认或假装你能硬撑下去。

❤ 尽量降低自己的期望值。将一些非必要的事务从待办清单上剔除，以便有时间休息。这可能需要一段时间来适应。别担心，这只是一个阶段，等睡眠改善后，你还能回到原先的状态。

❤ 尽量放慢脚步，每次只专注做一件事。疲惫的大脑是无法做到"一心多用"的。

❤ 别掩饰你的疲惫。你要告诉孩子你觉得很累，也可以请年龄大一点的孩子帮忙。这样，当你表现得烦躁不安时，他们就能更好地理解你，并从你身上学到正确应对疲劳问题的技巧。

❤ 记住，疲惫的状态会影响你的日常生活和工作。你会觉得自己愚蠢又矫情，也很容易情绪失控。这种时候一定不要苛责自己。

轻松愉快的感觉，是个骂骂咧咧、浑浑噩噩、呆头呆脑的醉鬼。

改善睡眠质量的建议真是多如牛毛，我不妨从头说起，带你穿越到远古时代。假设你是生活在幽暗洞穴里的远古人类，只不过现在身边多了几个枕头，少了几只剑齿虎而已。我们来想象一下穴居人的日常生活：白天光照充足，你可以进行体育锻炼，完成日常工作，还能从事一些智力活动（假设你是个博学的穴居人）；夜晚凉爽，光线昏暗，你可以从事一些不太刺激的活动，比如阅读、做手工、打牌、撸猫或者玩拼图（当然不能占用睡眠时间）。不用说你也知道，明亮的灯光、刺激的节目、纷扰的社交媒体都会让你兴奋躁动，不利于安抚你的神经系统。

也许你每晚都会看一会儿网飞的节目，觉得这没什么大不了的，那就先想想这个问题：它真的有助于你入睡吗？这不是一个理论问题，而是我自然会问到的问题。如果你真心认为自己晚上睡眠充足，白天精力充沛，那当然没问题。你还可以用完晚餐后喝杯浓咖啡，再玩上一两个小时的游戏机，只要你觉得身体撑得住就没什么问题。但是，如果你晚上睡眠质量不佳，白天困乏，那就要认真对待了。你可以从以下几条建议开始做起（这对你的孩子也有帮助哦）：

将睡眠放在第一位。请将睡眠放在"务必做的减压练习"第一条。当然,这样并不能让你立即获得踏踏实实的八小时睡眠,但至少表明你是认真对待这个问题的。

坦诚面对自己,了解自己的睡眠规律。最简单易行的方法就是追踪睡眠时间。比如,佩戴一个精美小巧的智能手环,或者在床头柜放一个笔记本,用来记录每晚关灯睡觉和早晨醒来的时间。虽然测量结果不会非常精确,但你只要追踪一段时间,多多少少能看出一些端倪,知道自己在什么情况下能睡得更久或更少,也许就能找出影响睡眠的干扰因素了。

尽量保证作息规律。每天尽量在固定时间睡觉和起床,周末也是如此。这一点对存在睡眠问题的人来说尤为重要。我们的身体和大脑喜欢秩序和规律,就睡眠而言更是如此。当然,如果你需要值夜班,那就很难遵守作息时间表,只能尽力而为,在筋疲力尽时尽量降低对自己的期望值。

提前做好就寝准备,不要等到筋疲力尽时才开始准备。也许你曾留意到当孩子筋疲力尽时,连换睡衣这样的小事都会变得特别困难。其实,大人也一样。也许你会一整晚瘫在沙发上不想起来,并不是因为你特别懒或是客厅里的重力特别大,而是因为你太疲惫了。疲惫的大脑让你很难打起精神来,连刷牙这样的小事都会懒得做。所以,你不妨早点刷好牙,换好睡衣,到了就寝时间就可以直接上床睡觉了。

别再盯着屏幕了。手机或平板电脑的屏幕发出的蓝光会严重干扰你的睡眠周期。每当你躺在床上盯着屏幕刷手机时,大脑深处就会不断亮起刺耳的警报:"醒来!醒来!快醒来!"夜间的亮光刺激会扰乱你的昼夜节律,让你难以入睡,还睡不安稳。危害最大的就是那个离脸部 4 英寸[1]远的明亮屏幕。睡前尽量读纸质书,如果你真的无法离开电子设备,那就用电子书阅读器,不要用平板电脑或手机,并尽量降低屏幕亮度。你还可以认真研究一下自己的电子设备,有些小技巧或小程序可以大幅降低屏幕亮度,同时不影响正常使用。

在床上只能睡觉或亲热,不要做其他事情。你在床上可以看一会儿书(纸质书),做一会儿冥想也不错,但千万不要把电脑带上床。你应该让你的身体和大脑一想到床和卧室就想起睡眠,而不是电子表格和社交媒体。

少喝酒水饮料,包括咖啡。其实,你的咖啡因耐受度并没有你想的那么高。许多人(包括我)在下午 2 点后不应该再摄入含咖啡因的饮料。除了咖啡因外,酒精也是个问题。酒精对中枢神经系统有抑制作用,也就是说,它可能让大脑和神经系统停止工作。也许小酌一两杯能让你镇静下来,更快入睡,但随着酒精作用的消失和大脑再度上

---

1 4 英寸为 10.16 厘米。——译者注

> **消消气**
>
> 你应该让你的身体和大脑一想到床和卧室就想起睡眠,而不是电子表格和社交媒体。

线,不仅会扰乱你的睡眠周期,甚至可能让你半夜醒来。如此折腾一番,结果就是你睡了一整夜,但醒来后仍然觉得筋疲力尽。

所以,无论是咖啡、酒精还是你喜欢的饮料,都不要过量饮用,否则你会整宿忙着跑卫生间,而你的膀胱也会不堪重负。

设法获得一些支持。 如果你在照顾婴儿或生病的孩子,夜里请和伴侣(如果有的话)轮流起来照顾孩子。如果孩子年龄大些,你可以让他与家人或临时保姆睡一晚,或者偶尔让他到其他孩子家过夜。这些虽非长久之计,却可拯救你于危难之中。

以上建议都很简单易行,而且效果不错。不过,如果你正在应对抑郁、焦虑、慢性失眠或睡眠障碍,应该寻求一些额外的帮助。如果你努力改善过睡眠习惯却收效不佳,那也应该寻求帮助。请医生把你转介绍给心理专家或睡眠专家,他们还有很多好方法。

寻求支持
你一个人可撑不下去

没有人在独自抚养孩子时能一直保持心平气和,就算有人帮忙,也难免会情绪失控。所以,你别再自我加压了。

你需要帮助,我也需要帮助,就算那些看起来格外淡定的父母也是如此。这并非因为我们天性懒惰或能力不足,而是因为人类原本就是互助互利的社会性动物,社会支持是不可或缺的。你首先需要抛开单打独斗的念头,别再觉得自己搞定一切是什么了不起的壮举。只有这样,你才会向朋友或家人寻求帮助。也只有这样,你才会发现养儿育女其实可以轻松许多,自己也不至于总是陷入情绪失控的旋涡。

如果你能经常得到其他人(比如你的配偶、好友,或者在游乐场碰到的某位好心父母)的陪伴与支持,你的神经系统就能得到有效的安抚,你的情绪按钮也会变得不那么敏感,当孩子胡闹时也就不太容易受到激惹。这类帮助体现在以下几个方面:

❤ 其他父母(特别是那些对你和你家情况比较了解的人)会给你提供许多有用的信息和建议,使你对养育孩子

> 💗 消消气
>
> 人类原本就是互助互利的社会性动物，社会支持是不可或缺的。

更有信心，也就不太容易感到紧张和抓狂。

💗 闺密能让你摆脱胡思乱想，回到现实中来。当你稀里糊涂、心生误解或者无端自责时，他们会给你善意的提醒，并告诉你人人都有情绪失控的时候，那并不是你的错。这非常有助于你放松身心。

💗 在值得信任的成年人身边，你会有安全感，神经系统也会自动恢复平静。知道身边有一个得力助手，也会让你的育儿过程变得更轻松愉快。

💗 与喜欢的人在一起总是快乐的，而快乐的人是不太会乱发脾气的。

除了上面提到的育儿搭档，理想的支援团队还包括下面三类人：你的专家组、后援团和挚友。三者可能是同一群人，也有可能不是。他们可能是你年轻时就很亲密的朋友，也有可能不是。不管怎样，他们对你来说都很重要。

你的专家组
生活中的专家团队

先从专家组谈起，他们是你购买服务或寻求专业支持的人，包括医生、治疗师、律师、儿科医生、保育员、教练、教师、神职人员等。有时你可以自行选择专家组成员，有时则不行，通常是因为你的保险无法承担相关费用，或者你家和单位之间只有一家托儿所。在这种情况下，你就只能尽人事听天命了，毕竟人生本来就不是十全十美的。

如果你可以选择自己的专家组，那就选择那些支持你的育儿方式，又能指出你错误的专业人士。你需要与他们建立长期合作关系，当你不知所措时可以信赖他们的专业知识。我不是医生，但我家的儿科医生非常专业，当我不知如何应对女儿们的各种病症时，只需照她的指示去做就行了。这听起来似乎是个再明白不过的道理，但在如今"完美育儿"的文化潮流里，父母总觉得自己应该什么都懂，什么都会，全知全能。请不要有这种想法。抛开那些不必要的压力，让真正的专家帮你解决问题。

你不可能教会孩子所有的事情

"你不可能教会孩子所有的事情。那也不是你的工作。"这是我外婆几年前说过的话。她当过高中数学老师,养育了7个子女。当时我向她抱怨教孩子游泳太难了,她非但没有鼓励我继续努力,反而建议我找其他人来教。于是,我给女儿们报了游泳班,因此获得每周半个小时心平气和的自由时间。

就算你是专业的教师、治疗师、儿科医生或营地指导员,你的工作也不是去教育、治疗或取悦你的孩子。角色混乱可能会增加家庭的压力,也剥夺了孩子向其他人学习的机会。相反,专业的事情就应该请专业人士来做。

提醒:如果你的孩子是在家接受教育,或是因患有慢性疾病或身体残障而不得不长期居家,那你就更应该寻求支持,不要让自己身兼数职,无暇分身(我在第七章会展开讨论)。

你的后援团
在背后支持你的人

接下来谈谈你的后援团,主要是指你身边那些三观一致、志趣相投的父母。当你在家忙着照顾上吐下泻的孩子时，他们可以帮你去买药；当你来不及接孩子放学时，他们可以带着你家孩子在学校操场玩一会儿。以下几点须谨记于心：

不要低估后援团的力量。无论大事小情，他们都有可能帮你解决。不过，首先你必须鼓起勇气开口求助，不要觉得不好意思。再说了，你的求助可能对朋友们也是有益的。每当朋友们向我求助时，我都会觉得：（1）原来除了我，别人也不会做这件事；（2）我得到了一个投桃报李、传递善意的机会；（3）下次我也可以理直气壮地向他们求助了。

互帮互助，礼尚往来。别把你的后援团当作"后勤维修部"。虽然你身处困境时他们愿意出手相助，但那毕竟不是他们的工作，也不是团体成员应尽的义务。如果你总是指望别人来帮你，却从不回报对方，那么将来他们可能连你的短信都不会回复了。所以，就算你的车不够宽敞，不方便参加拼车接送孩子，你也可以带孩子们步行去公园，举办一场"游戏约会"，或者给生病的朋友送饭。

后援团也许会成为你的挚友，也许不会，那不要紧。我们总是与不同的人建立不同的关系，并不是每个人都会进入你那个最亲密的圈子。即使你们没有成为挚友，也可以在紧要关头伸出援手。

你的挚友
用孩子们的话来说就是"BFF"[1]

你需要一些挚友:当你想要破口大骂孩子的科学老师时,他们会好言相劝;当你捧着咖啡杯痛哭流涕时,他们会把你从沙发上拽起来;就算你夜里10点发信息,他们也会秒回;当你去他们家做客时,他们不会刻意提前收拾房间;他们还会时不时为你准备一份意想不到的贴心小礼物。

我来讲一个关于我和闺密的小故事。有一天,我带长女到闺密家玩。当时我女儿大概才十个月大,而她的女儿们比我女儿大几岁。那段时间我觉得疲惫不堪,焦虑,孤独,亟须找个人倾诉苦闷。我想在闺密家的餐桌旁喝咖啡,就把女儿放在沙发上,让她和闺密的女儿们一起看电视。几分钟后,我们听到"咚"的一声闷响,紧接着传来一阵哭声:我女儿从沙发上滚下来了,还好只是摔在柔软的地毯上,没什么问题。我上前亲亲她,又把她抱回沙发上,然后回厨房继续喝咖啡。

才几分钟的时间,同样的事情再次发生:一声闷响,然后一阵哭闹。我又回去亲亲女儿,安抚一阵后,又把她

---

[1] "BFF"意为"一辈子的好朋友"(Best Friend Forever)。这个缩略词在中国年轻人中也很常用。

放在沙发上，继续和闺密一起喝咖啡。

当这种情形第三次发生时，闺密看了看我，眼神里没有丝毫鄙夷或嘲讽（如果换作是我遇到这样的情形，可能会笑得直不起腰来），只是温和地跟我说小宝宝还不能独自坐在沙发上。她说的没错，是我做得不好——我当时满脑子只想着喝咖啡。

这就是你与挚友在一起的时刻。他们不会让你觉得自己像个疯子或傻子，哪怕你的确如此。他们真诚待你，比如会建议你带孩子去看言语治疗师，或者接受"注意缺陷多动障碍"（ADHD）的医学评估，同时又不会让你过于焦虑。如果你和他们在一起时感到平静、自信，获得理解和力量，那他们就是你的挚友。相反，当你和其他家长一起陪孩子在游乐场玩了一下午，内心却充满困惑、怀疑甚至羞愧，而他们也觉得不太愉快，那你们肯定不会成为挚友。

消消气

当你想要破口大骂孩子的科学老师时，他们会好言相劝；当你捧着咖啡杯痛哭流涕时，他们会把你从沙发上拽起来；就算你夜里 10 点发信息，他们也会秒回。

倒不是说他们有什么不好，也不是说你们不该交往，只是下次你想找个时间与人倾诉烦恼、抱团取暖时，想必是不会邀请他们的。

还有你的家人呢

我们再来谈谈家人在你育儿团队中的位置。在理想的情况下，家人也应该是你的挚友或后援团，但不属于专家组。就算你母亲是语文特级教师，或者你哥哥是口腔正畸专家，若非紧急情况，你尽量不要找他们咨询，应该请他们给你介绍同行。这一点，请务必相信我。

可惜大部分人的家庭都不够理想。有的家庭氛围很好，有的却非常糟糕，绝大多数还不错。有时因死亡、成瘾、生病或其他原因，家人无法成为你的挚友或后援团，甚至你都不放心把孩子交给他们。这种情形着实令人沮丧，你非但得不到支持，反而还得花费有限的时间和精力去应付他们。对很多父母来说，这样的家庭就成了一个强大的情绪触发器。（专业建议：在母亲节、父亲节或其他与家庭有关的节日里远离社交媒体，那些母慈子孝、兄友弟恭的画面很可能会激惹你的情绪按钮。）

若你为此感到难过，那不要紧，甚至可能是好事。在养育孩子的艰辛历程中，缺乏家庭支持确实是一大损失。

你需要花点时间来面对这个问题，并慢慢接受这个现实，甚至不妨痛哭一场，让自己觉得舒服一点。整理好心情后，你应该回到那些支持你的人身边，也就是你的挚友、后援团和专家组。

如何寻找（并维系）你的专家组、后援团和挚友

　　这一节将探讨如何建立并维护你的社会支持系统。有人非常善于与人打交道，有人却一辈子都不谙此道。就我而言，身为人母让我不得不面对一个崭新的世界，迎接从未有过的挑战，经常要琢磨需要获得什么人的帮助以及如何联系到他们。以下是几条有用的建议：

　　明确自己的想法和需求。换句话说，就是清楚自己是什么样的人，什么对你有用，什么又会惹你心烦。有很多方式可以向人求助或者主动伸出援手，你应该选择最适合自己的。举例来说，我特别无法忍受迟到，那绝对会惹得我火冒三丈。赶时间的时候，我也很容易冲孩子大吼大叫。在这个问题上，我很了解自己，却无能为力。所以，当有位妈妈问我是否愿意拼车接送孩子时，我这个急性子的妈妈就做出一个明智的决定——先跟踪她。当然，我不是那种将摄像头对准她卧室窗户的偷窥式跟踪，而是留意她每天早上到达学校的时间。如果她经常准时抵达，那我就会

同意和她一起拼车接送孩子。我并不是说迟到有多糟糕，而是说我真的受不了。要我和一个经常迟到的人拼车接送孩子，还不如一开始就果断拒绝。否则，我就会经常对孩子发飙，对拼车的父母恶语相向。这不是他们的错，但真的很糟糕。

这个建议不仅适用于你的后援团。只有了解自己的个性和软肋，你才能选择（如果有条件选择的话）合适的专家组，并找到志趣相投的挚友。尽管我们已经不是高中生，但有时还觉得有点像在校园里，比如觉得被孤立，或对其他人心生嫉妒。作为成年人，我们大可不必为这些烦恼而伤神，没必要去比较谁更受欢迎、谁更有钱、谁更漂亮或谁家的婴儿车更漂亮。你要找到那些能真心支持自己的人，他们能与你心有灵犀地想到同一句电影台词，在你沮丧时能逗你发笑，当孩子在游乐场上撒泼胡闹时也不会对你评头论足、指指点点。你越早了解自己的个性，就能越快找到挚友。

消消气

有很多方式可以向人求助或者主动伸出援手，你应该选择最适合自己的。

勇于求助。 大多数人并不擅长读心术，而是像你一样忙于控制情绪。所以，最坏的结果无非是被人拒绝，那也是很正常的反应。当然，最好的结果是有人回应你的求助，并给予你所需的帮助。

多露面，多参与。 如果你想与后援团保持联系，就应该经常露面。合理安排孩子的就诊时间，尽量亲自陪孩子去，而不是让保姆或奶奶陪着，这样你就可以见到自己的专家组了。只要条件允许，你最好亲自去学校接孩子放学。当孩子在场上练习时，你最好在场外转转，而不是坐在车里刷手机，这样更容易找到自己的后援团。如果你想寻找更多挚友，应该去参加极限飞盘比赛（Ultimate Frisbee Game）、宗教服务或读书会，还可以参加朋友举办的募捐活动。当邻居家添了小宝宝后，记得给他们送一顿爱心餐。当某位家长遇到什么不顺心的事时，你不妨给他发送一个可爱的动态表情。你做得越多，与他人的关系就越紧密，他们也会与你越发亲近。

消消气

如果你想与后援团保持联系，就应该经常露面。

尊重自己的界限。没人能有求必应,并不是因为能力不足,而是因为每个人的时间和资源有限。此外,你也不能指望和所有人都合得来,总有些人让你感觉郁闷甚至恼怒。原因可能很简单:也许他们让你想起欺负过你的哥哥或姐姐,也许你不喜欢他们跟你的孩子说话时的语气,也许你根本不知道他们哪里惹你不快,那没关系,坦然接受这个现实,想拒绝就拒绝吧。

再说一遍:想拒绝就拒绝吧。

起初可能你会感到为难,但只要多加练习,慢慢就会习惯。或者,你可以假装自己是在对孩子说话——想必你拒绝过孩子很多次吧?

如果你不会开口拒绝,就不得不忙于应付太多的人,结果分身乏术,弄得筋疲力尽,回家后就会冲孩子乱发脾气。所以,请别这样,你要学会拒绝,说:"不行。""不了,谢谢。""很抱歉,我做不到。""这次不行,下次再说吧。"或者,你就直接说:"不,不,不,不……"

如果你觉得说不出口,那就当作是为了孩子。每当你拒绝一个令你为难的请求,就会觉得如释重负,仿佛解除了生活中一个情绪触发器,也就不太会出现情绪失控了。与此同时,你也教会孩子如何在生活中设立界限。

只要有可能,请友善待人。这可能比你想象的容易。也许你想说,友善待人与不吼孩子有什么关系呢?没准你

> 💬 消消气
>
> 每当我们努力善待别人时，等于是在做"善意练习"，要不了多久，就会自然而然地善待自己和孩子。

原本就没有那样的菩萨心肠（好吧，这么说可能有点刻薄）。可别忘了，凡事都能熟能生巧，只要勤加练习，你就能学会吹大号，当然也能变得更友善。每当我们善待别人时，等于是在做"善意练习"，要不了多久，就会自然而然地善待自己和孩子。这不正是你读这本书的初衷吗？

我再说得清楚些：你应该友善待人，但同时要守住自己的边界，懂得适时拒绝别人。善待别人并不是让你整日笑脸相迎、唯唯诺诺，甚至不惜牺牲自己的性命，而是让你无论发生何事都不要做一个混蛋。（其实，这也是一个不错的育儿策略：一方面，你应该善待孩子，理解他们的感受，给他们温暖的呵护；但另一方面，你也要守住底线，约束孩子别吃太多饼干，别玩手机，或者别闹着要去逛商场——话说现在的孩子还愿意逛商场吗？）

哦，当你善待别人时，请记得在你要善待的名单中多加一个名字,那就是你自己。因为你值得被善待!

自我关怀

如果你觉得"自我关怀"这个词有些别扭,那咱们是同路人,我也深有同感。过去研究心理学并从事临床社会工作十几年,我从未听过这个将"自我"与"关怀"组合在一起的复合词,直到我开始搜索控制情绪的策略时才接触到这个概念。我记得当时的反应是满腹狐疑、不以为然,脑海中想到的是《周六夜现场》[1]里斯图亚特·斯莫利(Stuart Smalley)坐在镜子前念念有词的画面(如果你还没看过,不妨去搜索一下,非常滑稽可笑)。

我们这里要谈的"自我关怀"可不是这种虚伪矫情的自恋,而是及时觉察到自己身处困境,然后关心和善待自己。你要时刻记住,你并不是这世上唯一会抓狂的人。不妨想一想,当你在某个快要崩溃的夜晚给最好的朋友发求助信息时,他是怎么回复你的呢?对,你要的就是那种被关爱的感觉。

这虽然听起来是再浅显不过的道理,但大多数人并未

---

1 《周六夜现场》(*Saturday Night Live*)是美国一档于周六深夜时段直播的喜剧小品类综艺节目。——译者注

真正领会。你可能从未意识到：（1）每个人都有内心独白；（2）我们会在心里残酷地打击和伤害自己；（3）我们完全可以换一种方式对待自己。这一点我深有体会。好几年来，我在心里不断自责，认为自己是个很糟糕的妈妈。后来我意识到这个问题，所幸也发现了一个更好的办法。当然，这不是叫你对镜自赏，不断告诉自己"我很好，很聪明，很讨人喜欢"（就是我刚才叫你去搜索的内容）。"自我关怀"领域的专家克里斯汀·内夫博士（Dr.Kristin Neff）有不少研究成果，在此基础上，我建议你尝试以下三个步骤：

觉察到你正在苛责自己。注意力是一种强大的力量，我们会在第八章详细讨论。当你意识到内心深处经常残酷地苛责、鞭挞自己时，可能会感到震惊。请不要对此视而不见，也不必过于纠结，当然，更不应该为此进一步苛责自己。请注意，你只是经历了一段艰难的时光，不知所措，便以蹩脚的方式应对而已。

像对待好友一样对待自己。想象一下：如果好友刚度过一个糟糕透顶的夜晚，然后打电话向你描述各种细节，并为自己当时情绪失控而深感内疚和羞愧，你会对她说什么呢？我希望你不会对她说："没错，你真是无药可救。你是个糟糕的妈妈，一点也不称职。算了吧——别总是去想为什么别人都是好妈妈，就你弄得一团糟。你不如捧着一个布朗尼蛋糕，再拿上一瓶酒，一边待着去吧。"

你应该不会对别人说这么伤人的话，那你也别这么说自己。尝试善待自己，比如对自己说："没关系，养育孩子确实很难。我只是个普通人，就算最好的父母也有不堪回首的时刻。我要做几次深呼吸，喝杯热茶，提醒自己孩子们都会好好的。"当然，那些自我苛责的念头可能还会时不时冒出来，这是正常现象。努力善待自己，并坚持下去，渐渐地，你就能听见内心那个温柔的声音。

在这种时刻，你还可以提醒自己留意身边其他压力源。人们常常忘记，生活中的种种不如意都会影响我们育儿的感受。当我们烦躁不安时，视野就会变得格外狭窄。这时不妨换个角度思考问题。这并不是在给自己找借口，而是客观冷静地接受现实。这也不是什么故弄玄虚的哲学思考，我只想说困境会让生活难上加难，我们并不是在真空中养育孩子的，你必须牢牢记住这一点。

牢记自己不是孤军奋战。 这一点非常关键，会让你改变看问题的视角。可惜人们总是错误地以为只有自己在苦苦挣扎，只有自己会搞砸一切。如果你有时觉得全世界只有自己在含辛茹苦、日复一日地养育孩子，那就赶紧放下这个念头。这种想法只会让你感到压抑和窒息，让你陷入无尽的孤独深渊。"你不是孤身一人，你也绝不是唯一一会冲孩子乱发脾气的父母。"你不妨给亲朋好友打电话，或者去找治疗师，也可以翻回第二章重温一遍。你还可以上网搜

> 💬 **消消气**
>
> 人们常常忘记，生活中的种种不如意都会影响我们育儿的感受。

索"如何不再对孩子大吼大叫"，然后会找到多达 8300 万条搜索结果（千真万确），说明你绝对不是唯一有这个问题的人。你既没有精神错乱，也不是一败涂地，只是个普通人而已，大家都是如此。

如果你从未练习过"自我关怀"，那么初次感觉可能会很奇怪。这就像用一种陌生的语言讲话，你会觉得找不到合适的词汇，或者即使找到那个词，也会结结巴巴的。坚持下去吧，你会越来越熟练的。同时，你还可以参考以下几个建议：

💕 **如果不知道说什么好，不妨用行动来善待自己。** 如果孩子在身边，还没有入睡，你不妨对他说："宝宝，我有些心烦，需要一点安静的时间。我们一起休息一会儿，好吗？"然后，你可以让孩子看书或电视，自己也盖上毯子，拿一本最喜欢的书或杂志来看。你还可以给自己冲一杯香浓可口的热饮，或者给知心朋友发短信发发牢骚，或者干脆平躺在客厅的地板上舒展身体。你还可以听一听最喜欢的歌曲，或者看一看温馨快乐的照片。

💕**牢记善待自己和他人也是一种技巧**，就像扔飞盘、烧烤或控制情绪一样。所有技巧都遵循"熟能生巧"的道理。如果你觉得善待自己有些困难，不妨先学习善待周围的人，找到合适的机会多加练习——从最简单的做起，比如抬头看着杂货店收银员，面带微笑地问好。你越经常对陌生人微笑，就越容易在烦躁时善待他人，也善待自己。这听起来有点不可思议，但确实很有效。

💕**如果你不太善于说些善意的话，不妨多和擅长的人待在一起**。找几位善解人意的热心朋友，可以是你的表姐、牧师或者幼儿园某位家长，只要他们富于同情心，乐于接纳别人，在你讲述带娃的烦恼时不会对你评头论足、冷言冷语就行。

💕**寻找合适的练习机会**。我们在第四章讨论过这个问题，值得再重述一下。每当你情绪失控时，就是特别需要自我关怀的时刻（详见第九章），但那往往也是最难做到这一点的时刻。所以，平时遇到一些小挫折和小问题，你就要多加练习自我关怀，才好迎接更严峻的挑战。

只要有机会就多想想"自我关怀"，这将有助于你在情绪失控后尽快恢复平静，也会让你不那么容易冲孩子乱发脾气。其实，善念和善举都来自你的前额叶皮质（也就是

善意进阶练习

如果你想提高"善意练习"的难度,不妨尝试一种名为"仁爱"(metta)的冥想练习。尽管"仁爱冥想"源于佛教,但非常世俗化,可以融入你的灵修或宗教修习中。"仁爱冥想"就是在心中反复默念对自己和他人的祝福。其具体形式多种多样,我一般会这么说:"愿我快乐。愿我健康。愿我平安。愿我活得自在。"

当我对女儿们感到非常沮丧时,就会为她们祝福:"愿你们快乐。愿你们健康。愿你们平安。愿你们活得自在。愿你们放我一马,好让我不再发飙。"(就算那一刻我感觉不到对她们的爱,"仁爱冥想"也能让我冷静下来、集中注意力,至少能让我不会怒火中烧,破口大骂,变得歇斯底里。)

你也可以为其他人祝福,比如你的祖母、邮递员或宠物仓鼠。接受方是谁并不重要,重要的是你的仁爱之举。无论是独处还是陪孩子玩时,或者只是忙里偷闲,你都可以练习"仁爱冥想"。

你可以把"仁爱冥想"当作练习善意的"击球游戏"。如果你想提高棒球水平,就得去击球笼里不停地练习。同理,如果你想更轻松自然地善待自己和别人,也该坚持不懈地练习,头脑中的善念最终会影响善举。"仁爱冥想"还有一个好处:它能帮助你简化思维、集中精神,让烦躁不安的神经系统慢慢恢复平静。

大脑中成熟稳重的那个部分），每当你让这部分上线，就等于主动抑制了边缘系统（也就是那个在你脑袋里上蹿下跳的疯狂小人儿）。这将有效安抚你的情绪按钮，让它不再敏感，即使熊孩子伸出手指蠢蠢欲动，也很难按下去。

第六章

选修的减压
练习

别多想

动起来

慢慢来

第六章 选修的减压练习

接下来要介绍的七个练习,可以帮助你在情绪按钮即将被按下时处变不惊。这些练习虽然是可选项,但我希望你还是能尽力尝试一下。每个练习都有助于你更好地控制情绪,能做到越多,收获也就越大。这些练习包括"简化生活"(Simplify)、"伸展身体"(Stretch)、"保持安静"(Seek Silence)、"放慢脚步"(Slowdown)、"与孩子保持一定距离"(Space from Your Kids)、"感恩"(Say Thank You)和"深呼吸"(Breathe),排序不分先后。如果你喜欢让每个练习的首字母都是"S",那也可以把最后一个改成"吸气"(Suck Air)。

也许你已经知道这些本来就是多多益善的好习惯,请别忘记它们还有一个额外的功能,那就是能让你拥有平和的心态,不容易对孩子乱发脾气。

简化生活

安抚自己的情绪

任何混乱的状态都是情绪触发器。太多东西,太多

> 💬 消消气
>
> 简化生活能让你感到安宁平和，不再心烦意乱。

选择，太多计划，太多信息，太多想法，都会让神经系统不堪重负，让人濒临崩溃。这好比杂技表演时，抛上半空（或者落在地板上）的球太多，肯定会令人紧张，就算不用每时每刻紧盯每一个球，它们依然会不知不觉地干扰人们的感知。

简化生活能让你感到安宁平和，不再心烦意乱。许多人以为简化生活不过是减少物质上的需求，其实远不止于此。对焦虑不堪的父母来说，简化生活还有以下好处：

- 减少日常生活中需要面对的选择和决策。
- 简化日程表，减轻工作量。
- 减少接收的信息量。
- 平复心情，集中精神。

如何减少孩子的杂物

有些父母很善于管理孩子的物品,我在这方面却很不在行。如果你也不知如何处理小家伙那些杂物,不妨看看以下几个建议:

- 克制用礼物来表达爱意的冲动。你应该也不希望孩子把礼物等同于爱吧?太多玩具还会让孩子不知如何选择,也玩得不尽兴。

- 如果孩子还小,你就趁他不在时整理。不要丢弃他心爱的玩具或有特殊意义的玩具,其他都可以处理掉。

- 等孩子长大一些后,你可以教他如何整理东西。如果他拒绝丢弃一些废旧物品,那就必须放在他自己的房间里。

- 设立一个"家庭整理日"。如果全家人都参与,孩子就不会觉得你是在故意为难他了。

- 如果孩子舍不得丢弃长期闲置的物品,你就做出让步吧。把那些东西放在一个箱子里,写上名称和日期,然后把箱子放在壁橱、阁楼或地下室里。如果一年后孩子没再提起那些东西,你就和他谈谈,看能不能扔掉。如果他还是不愿意,那就再等一年看看。

- 在后厅或储藏室放一个"捐物箱",要求家人每天或每周放进一件东西。等箱子装满后,你要带上孩子(和箱子)一起去附近的捐赠中心。

- 别再搞什么"生日派对礼包"[1]了!如果家长们能团结起来,真应该发起一项文化运动,彻底根除这个讨厌的玩意儿(没错,我本人特别反感这一点)。

---

1 生日派对礼包(birthday party goody bags),指家长为前来参加孩子生日派对的其他孩子准备的回礼,大多是糖果或小玩具。——译者注

乱七八糟的杂物——是不是这些东西让你心烦意乱

第一步，你不妨先设法减少家中的杂物。身边的杂物越少，你需要处理的琐事就越少，也越容易找到所需的东西，并有更多的钱去获得真正需要的物品或体验。如果不及时处理杂物，看了难免心烦。关于归纳整理的书籍和网站成千上万，你找一本或一个喜欢的照做就行。

选择——并不是越多越好

太多选择和决策也会让我们的生活变得纷繁杂乱。人们总觉得自己需要更多的选择，但其实并非如此。过多选择不仅会让人心累，还容易让人烦躁。过多选择会带来两个问题，第一个是"选择悖论"（Paradox of Choice）。我们总以为有了更多的选项，就能做出最好的决定。大错特错！选项越多，我们就越会对自己的决定产生怀疑，觉得其他选项可能会更好。东挑西拣一番后，我们反而会对最终的选择很不满意。（这就是很多人喜欢去开市客[1]购物的原因。你想买吸尘器？好，这里就有一台很不错，价格也合适。就买它吧，包你满意。出门时别忘了顺便带一包椒盐

---

[1] 开市客（Costco）是美国最大的连锁会员制仓储量贩店，自1976年成立以来，即致力于以尽可能低的价格提供给会员高品质的品牌商品。

> 💬 消消气
>
> 选项越多,我们就越会对自己的决定产生怀疑,觉得其他选项可能会更好。

脆饼。)应对这个悖论的要诀是"知足常乐",也就是知道什么选择足够好就行了。在绝大多数情况下,"足够好"是优于"完美"的,因为"完美"并不存在,苛求完美只会把自己逼疯。

过多选择带来的第二个问题是"决策疲劳"(Decision Fatigue)。我们每天要做出很多选择,尽管有些选择看似简单随意,但也会让人疲惫不堪、心力交瘁。人类的前额叶皮质无法胜任长时间的高强度工作,到一定时候就会疲惫。正因如此,有时我们会呆呆地盯着冰箱,脑子一片空白,无法决定晚餐该做些什么。要不还是吃芝士通心粉吧?所以,除了清理家里的杂物外,你还应尽量减少每天需要费心考虑的选项。以下有几个建议:

❤ 每当你挑三拣四、犹豫不决时,就要注意控制选项数量。只选择一款吸管杯、一双运动鞋或者一种口味的果冻,如果没必要,就不要换来换去了。把孩子抽屉里的过季衣服都拿走,把惹你心烦的那些图书和玩具都处理掉（只有孩子还小的时候才能这么做,好好珍惜这个时刻吧）。虽说生活应该丰富多彩,但前提是不能惹人心烦意乱。

❤ **尽量少做决定**。对于你不太介意的事情,尽量让孩子或配偶自己做决定。如果你现在想不出有什么不介意的事情,那只能说明你操太多心了！每个人都渴望独立自主,尤其是孩子们,可他们整天都得听从大人的指挥。如果孩子还小,有些不重要的小事（比如,穿绿色内衣还是蓝色内衣？先练钢琴还是先洗澡？吃面包还是比萨？）就让他们自己决定吧。随着孩子日渐长大,你要慢慢让他们做更多的决定,并自行承担后果。总而言之,你不要再一个人大包大揽,扛起家里所有的事情了。

❤ **在比较容易做决定的时候就做好规划**。如果你感到筋疲力尽,急于出门,或者熊孩子一直吵闹不休,这种时候是很难做决定的。所以,你要尽早做决定,未雨绸缪。比如,你固定在某个时间考虑一周菜谱,可以是每周日晚上、每周二上午,或者其他有10分钟喘息时间的时候。你还可以要求孩子每天晚上准备好第二天要穿的衣服。当你留意到自己犹豫不决、难以决策时,不妨等你比较冷静、压力较小时再做决定。

❤ **干脆没得选**。一旦订立了规则,就得记在心头或挂在墙上。比如,我家有一条"周六不许看电子屏幕"的规

> 💗 消消气
>
> 当你留意到自己犹豫不决、难以决策时，不妨等你比较冷静、压力较小时再做决定。

矩，没有任何商量余地。这意味着我和丈夫不必再浪费周末的宝贵时间，为女儿们是否可以看一集《芭比之梦想豪宅》(*Barbie: Life in the Dreamhouse*，这部动画片真的很搞笑）而争论不休了。顺便提醒一句，规则不能只针对孩子。这个道理是我从一位妈妈身上学到的。有一次，我邀请她参加学校一个晚间活动，但她礼貌地拒绝了，说她从不在工作日的晚上外出。我不仅没有觉得被冒犯，反而对她能思路清晰、彬彬有礼地跟人解释自己的需求和原则留下深刻的印象，并受到启发。

做得太多——满满的日程表会把你逼疯

第三种绝对会惹人心烦的混乱来源是，你想做的事太多了。太多的琐事、义务、课外活动和其他七七八八的安排，让你整天忙里忙外，四处奔波。这不仅会影响你的健康和心情，也不利于孩子成长。孩子和大人一样，不仅需要充分的休息，偶尔也需要停摆一下。他们可能会从你身上学到应对压力的方式，即容易崩溃。如果你想简化一下日程表，不妨参考以下几个建议：

不要因为自己能做某事就一口答应下来。 对一些可去可不去的生日派对或家长聚会，你不妨礼貌地拒绝。如果你愿意，下次可以举办一场"游戏约会"来弥补，但也不是非这么做不可。

从大局出发，通盘考虑。 如果你打算在日程表上增加一件事，不妨先看看这周或这个月的其他安排再说。如果你原本就安排了一个大型活动，或者已经非常忙碌，那就要慎重考虑是否还要再增添其他事项了。

孩子的课外活动别太多。 有个好的经验法则是，每周安排两项课外活动就行了，你和孩子各选一项。

你不必每次都出席孩子的练习活动或排练。 你可以找人拼车接送孩子。你可以把孩子送到场地后就去办自己的事情，或者喝杯咖啡。（没错，我前面说过要和你的后援团打成一片。重要的是，你要有所取舍，保持平衡。）

记住，你的计划表会随着孩子的成长而变化。 就算眼下你有很多事情无法做到，但几年后，情况就会有所不同。

💕 **学会放手。**眼下你不能把所有事情都做完。如果你老把某件事情列入每周的待办清单,却总是完不成,不妨把它移到另一张清单(比如"等孩子搬出去住后再做的事")里。

信息泛滥——你真的不用知道那么多

我们生活在一个海量信息的时代,但这未必总是好的。许多信息不仅毫无必要,而且相互矛盾,还可能令人心烦意乱。它们让你感到困惑,精力不济,不知不觉间承受了更大的压力。也许你还记得我在第一章讲过自己收到"全国进入紧急状态"的手机新闻吧?没错,当时我完全没必要第一时间收到这条信息。相信我,我们真的不需要那么多信息。若想有所改变,你可以先从以下几个方面做起:

💕 **选择一两个新闻来源就够了。**每天只需查看几次新闻,不要太频繁。比如,我每天会在开车接送孩子的路上

> 消消气
>
> 当你忙着刷屏点赞时,不妨留意一下自己有什么感受和想法。

收听新闻广播。我有个朋友每天早上都会读一份报纸,仅此而已。如果你特别想看电视新闻(请尽量别这么做),也不要一天 24 小时不停地盯着。除非你正在促成中东和平,或者正在追踪龙卷风的轨迹,否则你真的不需要收看那么多实时新闻。

💕 **不要沉迷于社交媒体。** 也许有人喜欢社交媒体,但它并不适合所有人。当你忙着刷屏点赞时,不妨留意一下自己有什么感受和想法。你是觉得更快乐了,与人联系更紧密了,还是感到焦虑、困惑、恼火,或者说感觉受到激惹?鉴于社交媒体的属性,出现这些反应是正常的。你永远不知道自己什么时候就会刷到一位"完美父母"的形象,某人英年早逝的消息,或者一个骇人听闻的新闻标题,内容可能未必属实,却会让你心烦意乱。当然,我并不是说你完全不能浏览社交媒体(尽管我确实有几个朋友彻底远离社交媒体,而且感觉良好),而是说如果社交媒体总会激惹你,那你就要慎重考虑自己登录的时间、地点和频率了。

💕 **有选择地接收信息。** 我女儿最近问我以"F"开头的词[1]是什么意思,我告诉她们:我可以解释这个词的意思,可她们一旦接触到这个字眼,就会牢牢记住了,一不小心还会脱口而出——如果她们在学校里说了这个词,即使不知道是什么意思,也会被叫去校长办公室训话。我们为这

---

[1] 以"F"开头的词是指脏话"Fuck"。——译者注

件事争论了好一阵子，最终女儿们决定，还是不知道为好。我之所以分享这个故事，是想说成年人也一样，如果不想记住什么，就不要去看相关信息。比如，你不喜欢看到残忍血腥的场景，那就别看《法律与秩序：特殊受害者》[1]。如果你对时政要闻有些审美疲劳，那就别再看新闻杂志揭露政客内幕的报道了。当然，这么做并不能保证你再也不会焦虑不安，但好歹是个有益的开端。

别想太多

大脑需放空

最后一点是，简化你的想法。就算你身边的环境整洁有序、一尘不染，你平时看的最紧张刺激的节目也就是《汪汪队立大功》[2]，有时也难免会胡思乱想。也许你正在做擦桌子之类琐事，突然冒出一个念头，然后被懊悔、担忧、怀疑或迷茫的思绪淹没。有时你知道是什么引发这些念头，有时却摸不着头脑。无论如何，这种思绪起伏很可能给你造成压力，让你的情绪按钮变大，更容易对孩子乱发脾气。

1《法律与秩序：特殊受害者》(*Law & Order:SVU*)是美国电视史上播映时间最长的罪案剧《法律与秩序》的衍生剧之一。——译者注
2《汪汪队立大功》(*PAW Patrol*)是美国尼克儿童频道推出的动作冒险系列动画片。——译者注

> 消消气
>
> 如果你控制不了自己的思想,至少可以控制自己如何去应对脑海中的各种念头。

虽然这种莫名其妙的念头很烦人,但这是普遍存在的正常现象。虽然你控制不了自己的思想,但你可以选择如何应对脑海中的各种念头。可惜很多人从未意识到自己是有选择权的,整天被那些莫名其妙的念头搅得手足无措、心神不宁。

诀窍是,你从一开始就要留意自己是不是在胡思乱想。你是不是在反复回想一段不堪回首的经历,幻想一些可能永远不会发生的事,或者在心里残酷地指责自己或批评孩子?每当这个时候,你就应该意识到自己又开始胡思乱想了。你应该提醒自己,这些都是不切实际的想法,大可不必太较真、太执着。

这就像在一场糟糕的戏剧中,你是台上的演员还是台下的观众是有区别的,要么一直等到全剧终再出戏,要么选择立即出戏。我们脑海中的想法不可尽信,这个道理听起来有些费解,但只要多加练习,就会变得清晰易懂、简

> **消消气**
>
> 诀窍是，你从一开始就要留意自己是不是在胡思乱想。

单易行了。

正念（mindfulness）倡导者认为，对脑海中的杂念有所觉察并保持一定距离，是获得平和心态与幸福生活的关键。我对此深表赞同。学会引导自我意识和管理内心想法后，我的生活确实发生了很大变化。每当我觉察到自己陷入沮丧或困惑中，就会唱唱歌，调整呼吸，或者提醒自己"当妈不易"，再鼓励自己"为母则刚"。你当然也可以这么做。

关于"正念"和"冥想"，有不少好书值得阅读。以下分享的几个建议对我特别有效，希望它们也能帮助你驱散各种无益的想法：

- 专注于手头的事情（"边做边讲"很有用）。
- 唱一首自己最喜欢的歌。
- 从"1"数到"8"或"88"，或介于二者之间的某个数，然后从头再来。
- 背诵自己最喜欢的一首诗，或者讲一则笑话。

- 念诵一段祷文。
- 学会冥想。冥想能让你敏锐觉察自己的思绪,并避免陷入杂念的困扰中(详见第八章)。
- 心怀感恩(很快就会讲到这一点)。

当然,无论你怎么做,思绪仍难免会漂浮游移,脑海中时不时会浮现一段陈年往事、奇思异想或莫名恐惧。那并不是你神经错乱了,而是因为人类的大脑中原本就会不断冒出各种念头。你不必紧张,也不必勉强控制自己。你只需记住,在任何时候,你都可以退后一步,留意自己的所思所想,然后决定是否要和这些想法继续纠缠下去。这只是改变思维方式的一小步,却会给你带来深远的影响。

伸展身体

你必须动起来

所谓"伸展身体",可不只是触碰脚趾这点活动量,而是要让整个身体动起来。你可以去散散步,或者做做俯卧撑,甚至全情投入芭蕾舞培训或马拉松训练(别指望在那里看到我的身影)中,重点是你必须动起来。运动可以有效安抚躁动不安的神经系统。这方面的说法很多,我们在这里只谈两点。

第一点，当你因为种种原因感到心烦意乱时，作为战斗、逃跑、僵住或崩溃的反应之一，身体会释放应激激素。运动可以降低体内这类激素的水平，分泌一些用来缓解疼痛和促进疗愈的神经化学物质。这样一来，压力减轻了，疼痛缓解了，你自然就不容易发飙了。

第二点，每当你被激惹时，神经系统就会紧绷，时刻准备做出战斗、逃跑、僵住或崩溃的反应。如果不能做出某种反应，神经系统就会变得更加躁动不安，因为它无法分辨你是"不能"还是"不愿"做出反应。如果面对真实的或感知到的危险未能做出反应，人就会感受到极大的痛苦。尽管忍住不发脾气是个明智的选择，但我们的身体并不能很快从高度戒备状态恢复到常态。当你感到全身紧张或很想动一动时，就去运动吧。身体并不知道你这是从虎口逃生还是在小区里转圈，但你只要动起来，它就会觉得舒服。

消消气

尽管忍住不发脾气是个明智的选择，但我们的身体并不能很快从高度戒备状态恢复到常态。

最重要的是，多运动能让你少焦虑、少抑郁，也更健康。说到运动，相关的书籍、视频、播客、网站和应用程序数不胜数。选择一项适合自己的运动，然后照做就行了。同时，请记住以下几点：

选择自己喜欢的运动项目。有些人喜欢做正念练习，练瑜伽或太极拳，有些人则喜欢跑步、举重或进行循环训练。有些人喜欢独自锻炼，有些人则喜欢到健身房上训练课。有个朋友每周都会荡高空秋千，尽管我觉得那画面有些辣眼睛，但他喜欢就行了，那才是最重要的。

剧烈运动与日常运动要兼顾。剧烈运动能让心跳加速、大汗淋漓，不仅能有效安抚烦躁情绪，还让人觉得自己很棒，确实是一种很酷的运动方式。不过，你也别忽视不那么剧烈的日常运动，比如活动一下肩膀，在台阶上拉伸一下小腿，或者只是走走路、上下楼。任何运动都有助于为人父母者保持心平气和，在情绪失控时能及时冷静下来，在暴风骤雨过后能迅速平复心情。

找个伴一起去散步或打球。如果你有个运动伙伴，就不好意思总是爽约，更容易把运动习惯坚持下去。不仅如此，你与社会支持系统的联系也更紧密了，可谓一举两得！

增加点科技元素，让运动更有趣。我的手腕上戴了一个健身追踪器，每次达成运动目标后，屏幕上就会有小烟花闪烁，让我格外兴奋。其应用程序也让我接触到许多陌生人，只要他们的步数超过我，就会让我很不爽。这种可笑的胜负欲足以让我每天早晨起来散步。我丈夫也用一个应用程序来记录健身活动，而他特别不喜欢中断锻炼记录，就会一直坚持下去。

保持安静

噪声会让人烦躁

对许多人来说，噪声无疑是个情绪触发器。如今智能手机、无线耳机和便携式扬声器唾手可得，许多人只要醒着（有时甚至在睡觉时），就会被各种声音环绕着。那还只是我们主动选择播放的声音而已，不含街上车水马龙的喧嚣声、警报声、犬吠声、同事的聒噪声，还有走到哪儿都扯着嗓子大喊大叫的熊孩子制造的动静。

每天给自己一点安静的时间，哪怕短短几分钟，都有助于我们保持理智。原因有很多，包括安静的环境能降低我们的压力水平，安抚我们的情绪。起初你可能会有点不习惯，因为身边缺少了噪声，内心的杂念可能就变得嘈杂起来。不过，只要你学会正确应对杂乱无章的思绪，头脑就能渐渐安静下来了。

以下是一些减少环境噪声的方法：

关掉电视和收音机。也许你习惯于开着电视或收音机,将其作为背景声音,现在请调成静音,或者每隔一段时间就关掉几分钟。要是你能彻底关掉那些新闻频道就更好了。

将手机设置成静音模式。我戴在手腕上的健身追踪器收到手机信息后会振动,所以我从来不用留心手机发出的铃声或提示音。如果你不喜欢佩戴智能手表之类的电子设备,当你想安静一会儿时,不妨把手机设置成"勿扰"模式。你可以把一些重要联系人(比如,你的配偶、老板、孩子的老师等)添加到个人收藏夹里,只允许他们的电话打进来。

再强调一次,请关闭那些讨厌的提示音,立刻就去!

别说话——我是说真的,请闭嘴。请要求你的孩子也别说话。我家就有一个"安静时间"的规定,尤其是在开车途中进入"安静驾驶"时段时要严格遵守。没错,每到这时,家人都心知肚明:"恐怕有人要发脾气了,那个人可能是妈妈。"有时看到情形不妙,女儿们甚至会主动要求进入"安静驾驶"模式,而我也乐于满足她们这个要求。

放慢脚步

一切都来得及

除非你赶着去机场,或者像蜘蛛侠那样要去拯救全世界，否则没必要整天都那么急吼吼的。着急忙慌会向大脑和神经系统发出信号，让我们进入"逃跑"模式，不管有没有必要。有时压力和焦虑会让我们心急火燎，有时则正好相反，着急忙慌也会带来压力和焦虑。所以，请改掉这个坏习惯，并努力做到以下几点：

💕**觉察自己是否着急忙慌**。如果是，你要好好反思一下真的是时间来不及，还是你习惯了着急忙慌的做事方式。

💕**从一件事情切换到另一件事情时，没必要着急忙慌**。父母经常数落孩子从一件事情切换到另一件事情时表现有多糟糕，却未曾想过自己也是半斤八两。每当你急于出门，或者忙完一件事后急于干别的，不妨留意一下发生了什么，并提醒自己尽量放慢脚步。

💕**给自己多预留一点时间，尤其在带孩子的情况下**。别忘了，孩子拉拉链、系鞋带都要磨蹭很长时间，所以正常情况下 45 秒就可以做完的事情，你至少得给他们 10 分钟时间。这样，即使在最糟糕的情况下，你也可以提前几分钟到达目的地，说不定还有空去一趟洗手间或吃点零食。

💕**处理经常迟到的问题**。如果你经常迟到，那你有两个选择：要么坦诚面对，彻底改正，要么接受自己天性如此，就像是有行为怪癖或基因缺陷。既然你无论如何都会迟到，那就不要再手忙脚乱、慌慌张张了。不过，我是绝对不会和你一起拼车接送孩子的。

感恩

感恩的力量超乎你想象

你肯定听说过要学会感恩吧？对此，你可能不以为然，或者深有同感。我以前对这种流行做法非常不屑，甚至还会阴阳怪气地嘲讽几句，但我现在真切地认识到感恩的力量了。我人生中的许多重要事件都发生在同样的地方，这次也不例外，那就是我家厨房。

我很不喜欢每天给女儿们准备午餐，日复一日的重复劳动既无聊又让人心烦，为此我抱怨了好几年。

有一天早晨，不知道为什么，我忽然意识到自己其实很幸运。因为我有钱买到自己需要的食材，我家附近的杂货店货品齐全，有新鲜水果和袋装椒盐卷饼。我想起小时候只能吃棕色纸袋里装着的冷三明治，而现在竟然有可重复使用的冰袋和保温饭盒。我还想到自己身体健康，每天早晨可以按时起床，不需要别人的帮助就能下楼，而我的女儿们也很健康，可以品尝各种各样的食物（有时她们也挑食，但那另当别论）。

现在我对做午餐仍然谈不上喜欢，但想想最糟糕的情况，就更容易接受眼下的情形了。自从那个早晨后，我意识到心怀感恩能让养儿育女的艰辛变得更容易承受些。心怀感恩让我不再那么焦虑和沮丧，更能集中精力思考问题，也不太会气急败坏地吼孩子了。如果你也希望在艰难时刻仍能心怀感恩，可以尝试以下三个简单的步骤：

1. 意识到自己充满负能量。 有时我们内心充满怨气、焦虑或恼怒，自己却毫无察觉。觉察到这些负面想法是通往改变的第一步。

2. 感恩生活中的点点滴滴。 如果你能从正在做的事情中发现值得感恩之处，那自然很好，但这不是必要条件。你可以感恩任何事物，包括你家房子最近没遭雷劈，你的牙齿还没有脱落，以及我们生活在一个有卫生纸和微波炉的时代。

3. 根据需要重复上述两步。

深呼吸

这是个秘密的超能力

我很讨厌别人提醒我深呼吸，这反而会激发我的叛逆心理，恨不得跟他们对着干。有这样的反应相当不幸，因为深呼吸确实是个很好的建议。在受交感神经系统（正是这个系统会引发战斗、逃跑、僵住或崩溃的反应）支配的生理活动中，呼吸是我们唯一能有意识地加以控制的。每一次有意识地深呼吸，其实都是在试图安抚神经系统，告诉那些烦躁不安的情绪按钮一切都好，让它们冷却下来。

深呼吸的另一个优点是免费且简单，人人都知道怎么做，绝不会做错。不要一直想着要吸多长时间气、要用哪个鼻孔呼气，这些都无所谓。不过，短促的浅呼吸是没什么用的，你应该尽量放慢节奏，深深地呼吸。你可以随时随地练习深呼吸，没人知道你正在努力控制情绪。这样你就不用在儿科医生的办公室里突然数着念珠祈祷，或者趴在地上练瑜伽了。你要做的只是吸气、呼气，只有你自己知道这是在努力保持内心平静。

请先戴好自己的氧气面罩

如果你坐过飞机，一定听过这样的指令：请先戴好自己的氧气面罩，再去帮孩子戴上。这是因为，如果你晕倒，就什么也不能帮孩子做了。很多人用这条"氧气面罩规则"来比喻育儿过程中的"自我关怀"，道理很简单：如果我们想做到时刻陪伴孩子又能保持心态平和，那么自我关怀绝对必不可少。我们总不能等到命不久矣才想着对自己好一点。再说了，自我关怀也是一种重要的情绪管理策略。当你快要发飙时，仿佛飞机即将坠落，请先戴好氧气面罩，然后深呼吸。

最后一点，你可以尝试一整天都有意识地调整自己的呼吸，特别是当你筋疲力尽、压力重重或无法远离熊孩子时。挺住，一直深呼吸就行。别的不说，只要你能呼吸，说明你没事。

讲到这里就差不多了。我们已经讨论了 11 个减压练习（也就是为了控制情绪不得不做的事情）中的 10 个。这些练习能让你的情绪按钮变小、变暗，不那么容易被孩子触碰到，并帮助你在情绪失控后更快地平复心情。所以，你应该尽量把这些练习融入日常生活中。万一忘记该怎么做时（你有时会忘记），请先做几次深呼吸，然后自我关怀。做到这一步，你就能进行其他减压练习了。

在上述练习中，关键一步是"觉察"。当你感到筋疲力尽时，当你伸展三头六臂同时做 13 件事时，当你明明时间充裕却还是着急忙慌时，当你长期不由自主地屏住呼吸时，

消消气

"觉察"这一步至关重要，如果你没有觉察到正在发生什么，就不可能做出不同的选择。

你都应该有所察觉。"觉察"这一步至关重要，如果你没有觉察到正在发生什么，就不可能做出不同的选择。

　　第八章将深入探讨觉察的问题，我现在希望你先注意一个问题：你究竟在孩子身上花了多少时间，是否需要多一点（或者很多）个人空间？

第七章

与孩子保持一定距离方能岁月静好

如何与孩子保持一定距离

与孩子在一起时，如何保有心智空间

如果你想在心烦意乱时克制自己不发飙，还有一个策略值得一试，那就是减少与孩子在一起的时间。说得再具体点，就是你要留意一下陪伴孩子的时间。

这听起来似乎有些不合常理，但适当减少陪伴孩子的时间确实是一种非常有效的手段。这出于以下两方面原因：

1. 如果你不在孩子身边，自然就不会冲孩子乱发脾气了。这是显而易见的道理。

2. 给自己留一点空间有助于冷却你的情绪按钮，让它们不容易被触碰，或者在情绪爆发后能尽快平复下来。如果你经常心烦意乱、暴躁易怒，就更应该给自己多留一些时间和空间。

以上两条原因看似充分，但我知道很多人还是不以为然，那就请耐心读完下面的分析。

今天的父母花在孩子身上的时间比以往任何一代父母都多，就算那些有全职工作的父母也是如此。乍一看，拥有大把亲子时光是件好事，但我心存疑虑。人与人之间的情感纽带应该是坚韧而又有弹性的，并不在于朝朝暮暮的相伴。除了孩子之外，你不妨想想这个世上你深爱的其他人，比如你的配偶、兄弟姐妹、父母或挚友，难道你希望

> **消消气**
>
> 人与人之间的情感纽带应该是坚韧而又有弹性的,并不在于朝朝暮暮的相伴。

每一分每一秒都与他们共度吗?难道你希望他们整天在你眼前晃悠,一会儿问你要不要帮忙,一会儿又想陪你玩?除了蜜月期的情侣外,我猜大多数人的回答会是"大可不必"。你们会希望时常见面,有空一起度假、散步或吃饭,但你们也需要分开一段时间,和其他朋友在一起,或者有些独处的时间,可以想想心事,读本好书,做点自己喜欢的事情。

父母与孩子的关系也应如此。有些人还是婴儿时,与父母度过一段"蜜月期",而当时他们恰好需要大人频繁的身体接触。不过,随着孩子渐渐长大,无论是身体上还是心理上,他们都需要与大人保持一定距离,拥有个人成长空间。他们需要时间去了解自己,也必须独立解决各种问题。无论是用纸板搭一座城堡,还是与朋友或兄弟姐妹吵架后和好,这些经历都会让他们变得更自信。此外,孩子也需要与其他成年人相处,从而学会适应不同的沟通方式、规则和期望。

总之，孩子并不需要父母无时无刻在身边，那种持续不断的关注只会让他们厌烦，觉得个人空间受到侵犯。孩子更需要的是父母能迎合他们的需求，留意他们何时比较平静，何时比较快乐，何时想一个人待着，何时想独立解决问题，何时真正需要帮助。想做出这种细心周到的回应，需要父母放慢脚步，打破固有思维，牢记良好的亲子关系并不是要时时刻刻与孩子黏在一起，而是能敏锐觉察孩子和自己此时此刻的需求，放手让孩子去处理自己的事情，并尽量照顾好你自己。

保有个人空间对你来说也很重要。找时间做一些减压练习，能让你回到孩子身边时更加投入，也更有耐心。当然，很多时候你确实无法抛下孩子不管，比如你来不及或没钱请临时保姆，或者全家在去奥兰多旅游途中遭遇暴雨，被困在酒店房间里。尽管有种种不得已，你还是应该努力给自己一点心智空间，在心理和情绪上与孩子保持安全距离，以免全家人又闹得鸡飞狗跳。

你不必太担心，我并不是建议你一直刻意远离孩子——当然不能这么做。我只是说今天大多数父母（包括你我这样有全职工作的父母）在陪伴孩子方面做过头了，几乎不给自己留一点时间和空间，

却还总是担心会不会影响亲子关系。其实，只要你觉

没空陪孩子怎么办

　　许多父母整天与孩子腻在一起，有些父母则正好相反。不常陪伴孩子会让人羞愧、困惑、悔恨或内疚，而这些都有可能造成情绪波动。不常陪伴孩子的原因有很多，比如工作时间太长，军队的工作安排，离婚，存在身体或心理健康问题。无论是哪种原因，都可能包含许多情绪触发器，比如长时间工作带来的压力，战争创伤，婚姻破裂后带来的现实问题或情绪波动，还有与前夫或前妻共同抚养孩子的种种不便等。这些情绪触发器都会影响育儿，即使二者看起来没有直接联系。

　　如果你因为不能经常见到孩子而感到内疚，可能会想在亲子时光的每时每刻都做到完美，结果反而会产生更大的压力。万一你出现情绪失控的情况，更会觉得浪费了宝贵的亲子时光而格外内疚。我在下文会谈到情绪即将爆发怎么办，眼下你只需记住这一点：这些都是很现实的问题，不常陪伴孩子的父母普遍有这种感受。在这个问题上，你绝非个例。

　　如果你可以在一定程度上自由安排自己的时间，那就尽量多抽些时间陪孩子。如果你确实抽不出时间，也可以用其他方法来联络感情。和年龄较小的孩子视频聊天是一个不错的选择，而对年龄大一些的孩子则可以发短信。此外，用传统书信特别有意义：孩子喜欢收到信件，每当想你时可以拿出来读一读。当孩子不在身边时，你也要记得时常做减压练习，那些自我关怀的技巧能让你在陪伴孩子时更心平气和，也有助于你们增进感情。

察到自己这几天处于崩溃边缘，不妨与孩子拉开一点距离。你也可以选择某几个周末下午由配偶或朋友来照看孩子，这样大家都有固定的喘息时间。无论怎么安排都行，只要你觉得舒服就行。在这段时间里，你尽量不要担心孩子，或者为房贷、脱发这类烦恼而闷闷不乐，而是要让自己冷静下来，调整好状态再回家，可别在踏进家门前就已经憋了一肚子火。

在本书中，尤其是本章，我给你的建议是从根本上扭转你对待自己和育儿问题的心态，通过养成一些新的生活习惯和做事方式，找到一种新的平衡。你应该相信，当你给予孩子更多空间时，他们会成长得更快。

如何与孩子保持一定距离

当孩子在身边时，你很难不去关注他们。孩子会大声喧哗以吸引你的注意力。就算他们并不想招惹你，孩子气的胡闹也总免不了让人心烦意乱。说真的，如果你想耳根清净一会儿，就必须离开家（或者把孩子赶出家门，二选一）。这里有几个帮助你远离熊孩子的建议：

❤ **请其他人代为照顾孩子。** 你可以考虑的人选有保姆，孩子的祖父母、姨妈、叔叔、哥哥或姐姐，保育员，幼儿园老师，以及你的好朋友。只要你信任他们，那就行。如果你负担不起这笔费用，可以加入互助育儿组织，大家轮流照顾孩子。

💕 **把孩子送到小伙伴家里参加"游戏约会"后就离开，下次轮到你做东，也让其他家长这么干。** 出于种种原因，如今已经看不到孩子放学后和邻居小伙伴一直疯玩到吃晚饭的场景了（抽泣）。今天我们会给孩子们安排好一起玩耍的时间。"游戏约会"固然很好，但你未必喜欢和其他家长待在一起（如果你喜欢当然更好）。如果是这样，你就尽早安排家长们把孩子送到目的地后就离开。你要提前与其他家长沟通，确保大家理解这样的安排。另外，如果这次你的孩子去别人家做客，下次就该由你家负责接待孩子们。

💕 **把孩子送到训练场地后就离开。** 除非你很喜欢看孩子训练，或者想和其他家长联络感情，否则没必要一直守在场外。（如果你想和大家打成一片，不妨找把椅子坐下，再买杯咖啡喝，不要去关注你的孩子。别评价、表扬或鼓励孩子，你只要专心和朋友们聊天就行。）如果你想和后援团联络一下感情，那就逗留10分钟，寒暄后就可以离开了。否则，你和教练或老师打声招呼就可以了，然后去散散步，办点事，或者只是待在车里享受片刻安宁。

💕 **拼车、拼车、拼车！** 安排拼车接送孩子也许有些麻烦，但真的非常值得，这样你就不用每次都亲力亲为了。

💕**接受他人的帮助**。我经常听到一些父母拒绝他人的热心帮助，其实我也曾这么干过。拒绝的理由多种多样，当时都觉得非常合理，但请你不要这么做。如果你信任的人愿意主动帮你照看孩子，不管是一个小时、一天还是一个周末，你就痛快接受吧！

与孩子在一起时，如何保有心智空间

就算你很想和孩子保持一定距离，但现实中经常做不到或不能这么做。你想和孩子在一起，并享有美好而快乐的亲子时光。不过，陪在孩子身边并不意味着你必须每时每刻都与他们互动。你应该有所取舍，明智地决定是否有必要介入孩子的事务。只有做到这一点，你才能保持情绪稳定。如果你想在陪伴孩子时也能保有心智空间，不妨尝试以下几种策略：

💕**要么关注孩子，要么不予理睬**。你不止一次听我说过，陪伴孩子时"一心多用"，不但会令孩子扫兴，也会给你自己徒增压力，更容易情绪失控。如果你做事时不想受到打扰，那就让孩子自己玩玩具、看书或做游戏，不要去管他们。你就做你的工作，看你的书，或者做你的饭，不要对孩子指手画脚。等你准备好享受亲子时光时（或者孩子显然需要你时），你就关掉电脑，放下手机，一心一意陪孩子。如果你的孩子还是婴儿或正在蹒跚学步，那你现在就要开始训练他们独自玩耍的能力。有时几块积木或几个小球就能让孩子玩得不亦乐乎，完全超乎你想象。

💕**让孩子学会等待。** 这个建议看似简单，但许多父母很难做到。如果你正在做晚饭、付账单或打电话，孩子走过来想问你一个问题或提出什么要求，切记不要尝试一心二用。你可以跟他说："请稍等，我马上就来。"当然，第一次这么说时，孩子可能根本就听不进去，那你就重复十次八次。也许孩子会感到郁闷，但很快就会适应，习惯就好了。学会耐心等待是一项重要的生活技能，应该尽早让孩子掌握。

💕**既然孩子很开心，就不必给他冰激凌了。** 这是演员杰克·布莱克（Jack Black）说的，也是我最喜欢的育儿建议之一。如果孩子开开心心的，你大可不必管他，完全没必要陪他玩游戏、做作业、堆城堡或做其他事情。你应该克制自己，不要总是去夸赞孩子、提问或主动帮忙。珍惜这个忙里偷闲的大好时机吧，过不了多久，孩子又会来找你了。

💕**教孩子学会忍受无聊。** 无聊也是生活的一部分，孩子应该学会如何应对。如果孩子感到无聊，那不是你应该去解决的问题。如果你总是想方设法取悦他们，只会把自己弄得心力交瘁，后果也就可想而知了。每当孩子说"我好无聊"时，你也许可以这么回答：

"谢谢你告诉我！"

"如果你想找点事做，可以去收拾房间、扔垃圾、喂狗……"

"我相信你会想出办法的。"

"我是妈妈（或者爸爸），很高兴见到你！"

💕**让孩子自己想办法**。如果你总是尽力满足孩子大大小小的要求，就会特别累。如果孩子稍微遇到一点困难就立刻要人帮忙，那肯定会把你累垮。所以，你一定要克制自己，不要动不动就出手相助。你可以嘟囔几句"我一会儿就来，宝贝"，然后让孩子自己折腾几分钟。你经常会惊讶地发现，只要给孩子一点时间，他们竟然拧开了罐子、系好了鞋带，或者找到了心爱的洋娃娃。

💕**不要试图化解孩子们的每一场纷争**。无论是手足间的口角还是朋友间的拌嘴，每次你想插手时，不妨先做深呼吸。你无须干预孩子们的每一场纷争，尤其当你已经心烦意乱时更不要介入。是的，你想教孩子一些解决冲突的技巧和策略，但你也应该给他们一些自我摸索的空间，让他们学会独自解决问题。

💕**对孩子的胡说八道不必太当真**。要做到这点并不容易,因为子女是我们最亲密的人。即使你那蹒跚学步的孩子一边瞪着你,一边把青豆撒在地板上,或者青春期孩子冲你咆哮叫骂,咬牙切齿地说他恨你,你也要牢记这与你无关。孩子的这些行为往往不是由你引发的,而是源于他们那尚未发育成熟的大脑。客观一点看待这种情形,你才能保持淡定。吸气,呼气,由他去。

不要与孩子玩权力斗争的游戏。如果你觉得可以就答应,觉得不行就拒绝,不要与孩子纠缠不休。别理会孩子的哼哼唧唧或骂骂咧咧,也不要来来回回地谈条件。就算孩子出言不逊或语带威胁也别理睬,实在心烦的话,你就用手堵住耳朵。如果孩子能心平气和地好好商量,那你也许可以考虑改变主意。否则,你的回应应该是"你问过了,我也回答了"(可以简称为"有问有答"),这就行了。当孩子终于意识到撒泼打滚没用,以后就不会再那么做了。

假装那是别人家的孩子。人们往往觉得别人家的孩子很可爱。这未必是因为别人家的孩子确实比你的孩子更萌、更乖,而是因为你无须为他们负责,就能更客观地看待了。别人家的孩子再怎么胡闹也不是你的错,他们的行为再怎么不堪也不是你养育的结果,他们的一切与你的荣辱无关。所以,别人家的孩子不太会触碰你的情绪按钮。所以,如果你能把自家的熊孩子当作别人家的小可爱,那他们的行为就不太会激惹你。

💕**不要为孩子快乐与否负责。**父母的职责并不是让孩子快乐,而是确保他们安全,帮助他们成长为身心健康的成年人。成长过程中的重要一课是体验和处理各种情绪,其中包括负面情绪。让孩子感受自己的情绪,父母既不必为此忧心忡忡,也不用想方设法哄孩子开心,在一片混乱中保持一份清醒。当孩子需要你时,你要陪伴在他左右,给他安慰。但你要记住,孩子有负面情绪并不是什么坏事,迟早会消散。

💕**记住这句话:就算他们是熊孩子,但生活并不是马戏团。**希望你读到这里已经能接受这个建议:对孩子不必倾尽你所有的时间和精力,这样不仅有利于孩子成长,也有助于你心平气和地与孩子相处。现在你已经找回一些自由,也掌握了一些减压技巧,应该能比较有效地控制情绪,大幅降低乱发脾气的频率了。即便如此,情绪失控仍在所难免,这也是本书没有到此结束的原因。

第八章

如何不抓狂的终极策略

觉察

暂停

随便做点别的

终于该谈谈正事了。

在本书的前几章里，我谈到了情绪失控的表现、原因和一些预防措施，还介绍了人类的大脑结构和神经系统，以及情绪按钮在被触碰后会变得更大、更亮和更敏感。我们还探讨了哪些事件和经历可能会触发情绪，让人面对熊孩子的胡搅蛮缠时一触即发。我还介绍了一些能让情绪按钮变小、变暗的减压练习，并希望你意识到与孩子保持一定距离对双方都有好处。

了解情绪按钮和情绪触发器，都是为了尽量避免情绪失控。不过，你还是会发现自己时不时处于情绪爆发的边缘，或者深陷情绪风暴中。怎么说呢？人生不如意事十之八九，情绪失控在所难免。

有时孩子会在夜里哭闹，猫咪会在家里吐得到处都是，或者是我自己忍不住胡思乱想，导致我半夜2点醒来后再也无法入睡，第二天身心俱疲，就会乱发脾气。有时朋友被确诊患有某种可怕的疾病，或者本来我有希望拿到的图书出版合同竟然落空，或者开车时发生追尾事故，都会让我怨声载道。这是因为神经系统已养成的惯性模式是很难打破的，也就是"本性难移"的道理。吼孩子就像是我的

消消气

> 你还是会发现自己时不时处于情绪爆发的边缘，或者深陷情绪风暴中。

母语，不管我怎么努力学习一门新的语言，还是会时不时切换成母语。有时面临的人生危机远远超出我的能力范围，就算我动用所有的社会支持力量并尽量照顾好自己，还是会让情绪按钮像圣诞树一样闪烁不停。有时女儿会找到一个连我自己都不曾意识到的情绪按钮，还乐此不疲地按呀按，弄得我只能摊开双手撑在厨房台面上，一次又一次地深呼吸，竭力遏制即将喷发的怒火。

像这样的糟心时刻，相信你也经历过不少。不过，你应该准备好做出改变了。也许说出来有些粗俗，只要你下次不再冲孩子"放屁"（FART），就会出现不同的结果。（遗憾的是，熊孩子未必会马上知恩图报。）别忘了，这里所说的"放屁"是指强烈的情绪、自发反应和"有毒"的行为。下次你觉得自己濒临崩溃时，请立刻放下手机，远离孩子，在跑步机上挥汗30分钟。

唉，说起来容易做起来难啊！

世界上每一位家长都清楚，本书介绍的减压练习看似简单，但实践起来并不容易。说实话，在日常生活中要做到自我关怀是很难的，尤其是在你还没有养成习惯的时候，要么是时机不对，要么是地点不对，要么是精力不济，要么是旁人不够给力。尽管如此，花一些时间和精力进行减压练习是值得的，原因有二：（1）它能让你不太容易受到激惹；（2）它能让你更容易觉察到自己被激惹了，然后按下"暂停键"，安抚一下情绪，寻思如何应对，而不是一触即发。

亲爱的读者，当你发现自己即将对孩子发飙时，请优先采取下列策略：觉察、暂停和随便做点别的。

这些终极策略听起来既不花哨，也不复杂。这很好，因为人们并不喜欢故弄玄虚的说教，更喜欢务实有效的建议。当你不知如何是好时，会想知道自己究竟能做点什么。下面就让我来告诉你一些切实可行的方法吧。

估计世上有上百万种关于"不要对孩子乱发脾气"的育儿经，人们总想着挑出可能是最好的选择。好消息是，只要不发飙，其他都可以算是最佳选择。随便做点什么，这应该不难，难的是你要以正确的心态去做。所以，我会尽量让这件事变得简单一点。方法就是学会觉察、暂停和随便做点别的，下面就来深入探讨一下。

觉察

觉察是一种"超能力"。在你奔波忙碌一天后,或是千钧一发的紧要关头,你觉得自己快撑不下去了,那么觉察力就是你的必杀技。如果你未能觉察到自己即将大发雷霆,就不可能忍住怒火。如果你未能觉察到自己开始嘶吼,就不可能闭嘴。觉察是一种自我意识,而自我意识就是决胜法宝。

"觉察练习"的优点就是简单,但其实也不容易掌握。请别误会,我不是说觉察什么都很困难:当你悠闲地躺在沙滩上,孩子在身边玩得不亦乐乎时,你不难注意到地平线上的落日余晖;当你在杂志上看到一篇特别有趣的文章时,也很容易留意上面的文字。也就是说,当你心平气和、全神贯注于某事,前额叶皮质(也就是大脑中的"觉察中枢")马力全开、高速运转时,就很容易觉察到内心的体验与周遭的环境。

当然,人们也很容易注意到孩子的尖叫声或电话铃声,但那不是真正的觉察,而是一种反应。如果你不介意我咬文嚼字的话,不妨称之为"反应式觉察"(reactive noticing)。一些外部刺激会突然吸引你的注意力,还有可能激惹你。人们大部分醒着的时间都在经历这种反应式觉察或注意力被吸引的场景，这正是大多数人情绪失控的罪魁祸首。因此，我们必须全力以赴迎战，先从"一心一用"做起。

当我们受到激惹时，大脑会立刻启动战斗、逃跑、僵住或崩溃的反应机制，边缘系统（相当于我们的内在小孩）活跃起来，而前额叶皮质（相当于大脑中的成年人）则受到抑制。神经系统让我们做好快速行动的准备，即使我们面临的是无须做出身体反应的情绪激惹和心理威胁。于是，我们就会焦躁不安，随时准备一跃而起，却又怔在原地，手足无措。在这样的时刻，我们已经从"觉察模式"神不知鬼不觉地切换为"反应模式"，情绪按钮在闪烁，一触即发。只要"熊孩子一号"朝"熊孩子二号"扔了一把沙子，正在伺机而动的神经系统就会绷不住了，于是我们就会暴跳如雷，情绪的火山开始猛烈喷发。

消消气

觉察是一种自我意识，而自我意识就是决胜法宝。

如何觉察自己快要发飙了

觉察的关键是识别出自己最紧张的时刻。在理想的情况下，你能在发飙前就有所觉察。事实上，就算你正在气头上，哪怕前一秒还是暴风骤雨，下一秒也可以让自己停下来。一般情绪爆发可分为几个阶段，按神经科学家、作家丹尼尔·西格尔（Daniel J. Siegel）的说法，即"激惹"（Trigger）、"过渡"（Transition）、"沉浸"（Immersion）和"平复"（Recovery）四个阶段。

第一阶段：激惹 某些事情会激惹你，可能是你在烈日炎炎、人满为患的游乐园里被人推搡了一天，可能是你父亲的忌日，可能是你看到一则有关自然灾害的新闻，也有可能是你接孩子放学时无意间听到某位家长随口说了句什么。有的人反应很强烈，山崩地裂似的；有的人则云淡风轻，泰山崩于前而色不变。有的人怒气来得快，去得也快，有的人会闷闷不乐好几个小时，还有一些人的情绪按钮好几年一直处于高度警戒状态。有的人能意识到自己易受激惹、一触即发，有的人却浑然不觉。具体表现可能千差万别，但都属于被激惹的"症状"。

关注自己的"症状"（我们在第三章讨论过相关内容），有助于识别你是否受到激惹了。当情绪按钮亮起红灯时，每个人的身心反应各不相同。有的人焦虑时容易胡思乱想，有的人一紧张就会肩膀疼痛，有的人一心烦意乱就会声音变调。以我为例，我不耐烦时就会用短句来回应女儿，当我对她们所说的一切只用"好"来应付时，表明我已经濒临崩溃的边缘了。每个人的"症状"不同，就算有些怪异或奇葩也没关系，用不着刻意去改变或纠正，只需了解和尊重就行了。

第二阶段：过渡　在这一阶段，拜你家熊孩子所赐，你的情绪按钮已经被按下了。从"淡定"转为"抓狂"那一刻起就进入过渡阶段，你的神经系统变得高度紧张，随时准备做出战斗、逃跑、僵住或崩溃的反应。你可能会坐立不安或惊慌失措，不知如何是好。这个阶段会持续多久取决于几个因素，包括被激惹的程度，情绪按钮被按时的力度和速度，以及做出回应的方式。在短短几秒钟的时间里，你的情绪可能会从风平浪静骤变为狂风暴雨。不过，如果你能及时觉察情绪按钮已被按下，然后提醒自己要深呼吸、走出屋外或哼唱一首你最喜欢的歌曲，也许就能避免进入"沉浸"阶段。

第三阶段：沉浸　"沉浸"其实是"抓狂"的另一种说法，十分贴切。因为"沉浸"的状态正好是"觉察"的反面，此时神经系统已经全线崩溃，你变得歇斯底里，暴跳如雷。你会感受到强烈的情绪，出现自发反应，做出各种"有毒"的行为。虽然你知道咆哮、摔门或砸遥控器只会让事情变得更糟,可你一旦开始就很难停手。这是因为你大脑中那个"成年人"(前额叶皮质)已经下线,而你的"内在小孩"(边缘系统)正在唱主角。众所周知,蹒跚学步的小孩无法做出正确的选择。

第四阶段:平复　折腾一通后,你会筋疲力尽。也许你的另一半会好言相劝,让你消消气(听到这话,你恨不得揍此人一顿,再怒气冲冲地离开房间)。也许你看到孩子惊恐万状、泪水涟涟,不由得感到内疚和羞愧,怒气也就消了。这是进入平复阶段的开始,在最理想的情况下,也是你恢复冷静、修复亲子关系的开始。这也是一个微妙的时刻,你的情绪按钮还非常敏感,可能会慢慢冷却下来,也有可能会再度爆炸。我们将在第九章进一步讨论平复阶段该做些什么,以免情绪再度失控。

如何提升觉察力

若想打破情绪失控的恶性循环,觉察是关键。所谓觉察,就是清醒意识到当下正在发生的事情。在某些时候,你能意识到自己怒不可遏,情绪即将如火山爆发,便可以做点什么来避免对孩子发飙。问题在于,情绪变幻莫测,一会儿风和日丽,一会儿疾风骤雨,连我们自己都不知道下一秒会发生什么。这对心智尚未成熟的孩子来说很正常,但对我们这些成年人来说却很糟糕。

太多人一生浑浑噩噩，被吸引他们注意力的人和事牵着鼻子走，从未意识到自己可以不上钩。每当我们觉察到自己在分心，陷入循环往复的思维怪圈中，或是被强烈的情绪冲昏头脑，其实都可以选择退后一步冷眼旁观，而不是跳上舞台当主角。

无论何时，你都可以选择去觉察。有时你会注意到一些显而易见的行为，比如你正口不择言地说一些气话，但一些看似微不足道的细节也值得关注。如果你经常咬着后槽牙在房间里打转，就该留意这个行为，并放松下来。经常做这类意识和行为的小改变，可以让你活得更轻松。

经常练习那些减压技巧也有助于你悬崖勒马。当你不是处于极度疲劳的状态，也没有沉迷于手机，就更容易觉察自己在做什么。"感恩练习"的第一步是要意识到此刻你头脑中那些尖酸刻薄、小肚鸡肠的想法。如果你没有意识到自己走得有多快，也就不会放慢脚步。

和其他技能一样，提升觉察力也需勤加练习，应该认真对待，持之以恒。只要你能经常做到退后一步，换个角度看问题，你的觉察力就会越来越敏锐。大脑中负责觉察的神经联结，每被激活一次就会变得更强大，神经元的信息传递更顺畅，联系更紧密。

消消气

太多人一生浑浑噩噩，被吸引他们注意力的人和事牵着鼻子走，从未意识到自己可以不上钩。

我来分享一个例子。有一次去开会，我碰上堵车，眼看就要迟到了，我觉察到自己越来越烦躁，就有意识地不去想那些有的没的，可我还是控制不住自己，一直在胡思乱想。我知道自己应该把注意力集中在眼前某个具体事物上，于是就找了一个容易聚焦的目标——刹车灯，它们正在前方闪着红光。让自己从纷乱的思绪中抽身——哪怕只是一会儿——把注意力转移到其他事物上，我才发现自己正开到举办会议的那幢大楼前。刚才我忙着发火，差点错过这个路口。

觉察是平复情绪的关键一步，但你不要等到濒临崩溃那一刻才开始练习。要知道，当我们身处危机中，大脑是很难（甚至几乎不可能）学习新东西的。所以，你要在比较轻松的时候就加以练习，而不是在你心潮澎湃、困惑不已或忙于对付熊孩子时才临时抱佛脚。当你安静地躺在床

> **消消气**
>
> 当你安静地躺在床上，悠闲地喝着咖啡，或者目送孩子走进校门后独自坐在车上享受片刻安宁时，都可以开始练习。

上，悠闲地喝着咖啡，或者目送孩子走进校门后独自坐在车上享受片刻安宁时，都可以开始练习。在轻松的情况下多练习觉察，以后遇到困难时就更容易做到。

当你不确定要觉察什么时，该注意什么

你可以有意识去留意任何事物，但有时难免会觉得无从选择，那就让我来帮你做一些筛选。你应该多留意眼下正在发生的事情，最好是那些不会激惹你的事情。如果你正处于过渡阶段或沉浸阶段，应该把注意力放在看得到、摸得到、尝得到、听得到或闻得到的事物上，从自己的思绪中抽离，专注于现实世界，这样有助于恢复平静。如果你刚刚受到激惹，或者想弄清楚究竟被什么激惹了，不妨去留意自己的想法、感受、身体反应或行为表现。你可以

从以下几个建议入手：

💕**留意**自己的想法。你正在想什么？你正在为项目截止日期快到了而抓狂吗？你正在为孩子咳嗽总不见好而担心吗？你正在为曾与某位朋友发生不愉快而耿耿于怀吗？你不必刻意去寻找答案或解决问题，只需意识到自己正在胡思乱想，并决定是否要继续这样下去。

💕**留意**自己的感受。你此刻有什么感受，是觉得压力大，还是感到恐惧、焦虑或愤怒？无论你情绪多强烈、感觉多糟糕，都要提醒自己任何情绪都是暂时的，都会经历开始、过程和尾声，你只要坚持一会儿，等这阵情绪过去就好了。另外，你要记住，任何情绪都是合理的（这一点千真万确），但不是什么行为都是合理的。只有留意自己的情绪，才不至于在冲动之下做出不当的反应。

💕**留意**身体的变化。你是不是一直耸肩，或者后背绷得像橡皮筋一样紧？你很痛苦吗？你是不是头痛欲裂？如果有这些症状，你可以改变一下姿势，让肩膀自然下垂，做点简单的伸展运动，或者吃几片止痛药。就算你无计可施，但对身体状况有所觉察已经是迈出了解决问题的第一步。否则，你只会感到紧张和痛苦，只要一被激惹，就会情绪爆发。

💕**留意**手头正在做的事情。这也许听起来有点荒唐，但我们有时真的没有意识到自己正在做什么。这是因为大脑时常会切换到"自动驾驶模式",以便节约能耗。你不妨想象一下,假如我们每走一级楼梯都要有意识地考虑每一个动作,那不知道要花多久才能爬完楼梯,也会累得精疲力竭。正因如此,我们每天把车开进单位的停车场,却压根不记得自己是怎么开到那里的。如果你经常"一心多用",而且为此倍感压力,这些无意识的行为就会带来一些糟糕的后果。所以,你应该花点时间留意一下手头正在做的事情。

💕**留意**自己的呼吸。如果你忙得团团转,实在无暇分身去觉察,那就深呼吸吧。一边吸气、呼气,一边觉察这个动作,可谓简单易行,能让你从喧嚣纷扰中暂时抽离。你只需放慢呼吸节奏,或者数一数吸气和呼气的次数,或者简单做三次深呼吸就行了。

还有一点需要注意:许多人都在想方设法逃避现实,这不是没有原因的。有时现实很残酷,当下很糟糕,人们免不了产生疯狂的想法,整天提心吊胆,身体每况愈下,生活很艰难,一点也不好玩。既然如此,那就坦然接受,不要总想着解决问题或奔赴下一个目标,也不要苛责自己或妄自菲薄。这类反应不仅没必要,还会适得其反,让你更紧张而不是更冷静。你要相信一切都会过去的,也要记得给自己多一些关心和照料,尽量向前看。

高阶觉察练习——冥想

许多人认为冥想就是整理思路，尽可能长地高度集中注意力。这是一个误解。在本书中，你不妨将冥想理解成一种"高阶觉察练习"。就像你去健身房可以锻炼肌肉一样，冥想可以提升觉察力。

具体方法如下：

1. 找一个安静舒适的地方，确保你可以不受打扰地独自待上 2~20 分钟。请坐，然后把手机设置成"勿扰"模式，并设定时间。

2. 把注意力集中在某个事物上。许多人选择关注呼吸，当然，你也可以选择其他能让你专心的事物。比如，反复念诵祷词，观察身边的花草树木，倾听周遭的声音，或者从"100"倒数到"1"。

3. 觉察到自己在走神。请注意，我不是说觉察你是否走神，而是说当你走神时，你要有所觉察。要不了几秒钟，你的思绪就会游离。有时你不会神游太远，有时则会陷入一些糟糕的回忆、想法、欲望或画面中，一时难以自拔。当你的大脑出现这类活动时，请不要沉溺其中，不必刨根问底，也不要质疑或评判。你不必担心思绪会飘多远或多久，只需觉察到自己正在神游就行了。

4. 将思绪拉回你最初关注的事物上来，比如你的呼吸、祷词或数数。你可以从被打断的地方继续，也可以从头开始。

> 5. 重复以上步骤。
>
> 6. 不断重复以上步骤，直到时间到了。
>
> 7. 第二天再做一次，第三天也是如此。
>
> 就算你在60秒内神游了60次，也不表明你的冥想失败了，应该说你完成了60次的冥想练习，又积累了60次的经验。这不正是你要达成的目标吗？做得好！

　　提升觉察力没有捷径。你要么觉察到内心或周遭正在发生什么，要么陷入思维混乱的旋涡中，没有中间路线可走。不过，有些小技巧能让你更容易觉察到自己正在走神。首先，你要放慢脚步。虽然着急忙慌时也能有所觉察，但难度更大。降低噪声也有助于觉察。收音机、电视机或其他东西造成的背景噪声很容易让人分心。"一心一用"也有利于你觉察内心或周遭正在发生什么。如果你特别容易分心，则可以通过"边做边讲"来保持专注。

　　最后，你也可以用一些物品来帮助自己提升觉察力。不管是什么东西，只要能将你的思绪拉回当下就行。比如，在口袋里放一块光滑的小石头，握着石头时的触觉有助于你集中注意力。你也可以佩戴手串来提醒自己注意呼吸。你也可以把你最喜欢的减压练习写在便笺上，或者把你要注意的事项贴在冰箱上。在你最难坚持觉察的地方张贴一

> 🧡 消消气
>
> "一心一用"也有利于你觉察内心或周遭正在发生什么。

些宗教或灵性的图画,或者能让你开心的图片。(我有个朋友就在橱柜上贴了一张孩子们温馨快乐的照片,每当她气得想掐死他们时,就会去看看。)

在这个过程中,你随时可以觉察正在发生什么。一旦你能做到这样,就可以暂停了。觉察与暂停在激惹阶段和过渡阶段最容易做到。当你忽然意识到自己的情绪按钮变得敏感,处于一触即发的状态,或者发现自己已处于崩溃的边缘,就可以选择做点别的,以免情绪爆发。当然,你也可以在情绪风暴中停手,但在你掌握窍门之前,难度会更大些。坚持练习吧,你会越做越顺手。

暂停

如果说"觉察"是意识上的转变,那么"暂停"就是行为上的转变。事实上，暂停是保持冷静的第一个关键步骤。这个词的意思简单明了，就是无论你在做什么，都暂时停下来。

我用"暂停"（Pause）而不是"停止"（Stop）是有原因的。"停止"一词让人觉得是做出巨大的、艰难的、长久的改变，而"暂停"一词显得温和些，也更容易做到，就像看电影时去了一趟洗手间或在激烈的比赛中叫一次暂停一样正常。暂停只是暂作停歇，并不是完全放弃，稍后你还是要去教育孩子，不能把擤了鼻涕的脏纸巾到处乱扔，也不能把橡皮泥塞进兄弟姐妹的手机耳机孔里，但眼下你要先停下来，整理好自己的情绪再说。

暂停的时间可以很短，也可以很长，一切取决于你的需要。格外强烈的情绪或极端复杂的情况需要暂停较长时间。此外，越接近崩溃的沉浸阶段，所需的暂停时间就越长。不过，当你熟能生巧后，所需时间会减少。

还有一点也很重要：暂停的时候，你并不知道接下来会发生什么。这其实是件好事，只不过会让那些控制欲很强的人觉得难受。暂停并不是为了仓促寻找解决方案，也不是为了密谋什么复仇计划。如果你这么做，就没有真正让疯狂的列车停下来，只不过让它换个赛道继续狂奔罢了。也就是说，你的情绪按钮还是处于激活状态，即使你的情绪看起来偃旗息鼓了，其实是在酝酿第二轮的发作。

> 🔴 **消消气**
>
> 暂停的时间可以很短,也可以很长,一切取决于你的需要。格外强烈的情绪或极端复杂的情况需要暂停较长时间。

暂停并不是去计划什么,而是激活你的副交感神经系统(它们可以安抚你的情绪按钮),给自己一点时间和空间来平复情绪。你可以在房间里走走,做做深呼吸,或者把双手放在厨房台面上,然后摩挲手指。你随便做点什么都行,只要能让自己暂停一会儿就好。只有这样,你才有可能回答那个困扰天下父母的永恒难题:我现在究竟该怎么办?

答案很简单,就是随便做点别的。

随便做点别的

一旦觉察到自己正朝着情绪失控的悬崖飞奔,你就可以按下"暂停键",接下来就随便做点别的。这一步的目的是：(1)让自己冷静下来；(2)冲淡强烈的情绪；(3)将正在积聚的紧张能量转移到其他地方。你可以做几次深呼吸，在心中祷告，或者仅仅是保持安静。你也可以用别的办法，将处于爆发边缘的强烈能量转移到其他事物上。这些做法无所谓对错，关键是看是否对你奏效，是否适合你家的情况。所谓"奏效"，就是能帮助你控制情绪，不要乱发脾气。

确定哪些方法有没有效，你不妨记住以下要点：

❤ **不管你愿不愿意，经常做一件事总会熟能生巧。** 举例来说，如果你不想总是大吼大叫，那就不要把脸埋在枕头里吼叫。当然，冲枕头发泄情绪确实比吼孩子好些，但任何形式的吼都是吼，如此反复练习，只会让你在情绪失控时更容易大吼大叫。

❤ **不要做那些容易激惹你的事情。** 也许你心烦意乱时总想喝酒或玩手机，但其实它们并不能安抚你的情绪，反而会让你更烦躁，延长了激惹阶段。如果你不知道该做些什么，不妨复习一下前文提到的减压练习，其中不少技巧都能救急。

❤ **尽力就行。** 不必追求完美，只要能避免情绪失控，你做什么都行。

你承认我说的都对，但你究竟该做些什么呢

一旦你意识到无法控制自己的情绪，陷入歇斯底里的崩溃状态中，请立刻暂停，直到你想做别的事情为止。只要那是你想做的，并且不会激怒你，你就去做吧。不过，人在危机时刻可能很难想出什么好主意，所以我在这里给你一些建议，你不妨一试。当然，你也可以摸索适合自己的好方法。

深呼吸。 关于深呼吸的好处，我已经不厌其烦地说过好几次，但这个方法确实有效。此外，人在深呼吸时是无法吼叫的，这也很棒。

走开。 只要孩子处于安全的环境中，你就可以走开一会儿。就算孩子在大发脾气，你离开一会儿也好过和他对着干。也许你还记得那晚我把女儿们放在电视机前，因为我当时只能想到这个办法，否则就要冲她们咆哮了。幸好这个办法也有效。所以，只要条件允许，你不妨给自己留一点空间，安静地待一会儿。

保持沉默。 如果你确定自己一开口准没好话，那就闭嘴。如果你真的管不住自己，那就干脆用手捂住嘴巴。这样至少可以避免你一怒之下口不择言，伤人伤己。

简化想法。 如果你觉察到自己满脑子都是对孩子、伴侣等人的怨念，请尽量与他们保持距离。简化想法能让

消消气

> 如果你确定自己一开口准没好话，那就闭嘴。

你冷静下来。我在第六章曾提到一些简化想法的策略。

💕 **伸展身体**。如果你的神经系统处于蓄势待发的状态，那就干脆活动一下身体吧，做几次开合跳或单脚跳，练瑜伽，或者上上下下跑几趟楼梯。女儿们现在懂事了，知道我生气时会绕着我家的房子跑上几圈。（我告诉她们，我需要呼吸一些新鲜空气才能冷静下来，很快就回来，她们最好别跟着我，这对大家都好。）

💕 **双手摊开放在桌上，或者光脚踩在地板上**。让皮肤接触一些坚硬的表面能让你感到踏实和安心。

💕 **把心里话说出来，但点到为止**。告诉孩子即将发生什么是缓解紧张气氛的好方法。你可以说："我觉得压力很大，可能会冲你发脾气，现在需要冷静一下。你可以和我一起安静地做几次深呼吸，若你还吵吵闹闹，小心我把你的头拧下来。"（你可以照搬这些话，但你也要给孩子解释清楚你不会真的拧下他的头。我就犯过这样的错误，结果把孩子吓坏了。）再说一遍，这么做并不会贬损你作为家长的威严，反而会给孩子树立一个非常有益的好榜样。

💕**反复念诵"安全词"**（也有人称之为"祷词"）。有些人会从宗教领袖或精神导师那里获得一些祷词，你也可以选择自己喜欢的字词。无论什么词都行，哪怕算不上一个词也无妨，也不必介意它的出处，只要能帮助你平复心情，不再心烦意乱就好。例如，你可以说"随它吧"或"哈库呐玛塔塔"，除非一提起迪士尼就让你热血沸腾。[1]（我现在喜欢念叨的是奥提斯·戴伊与骑士乐队在《动物屋》里演唱的那句歌词"沙玛拉玛叮叮咚"。）[2]

💕**播放音乐，摇摆一下身体。**有需要的话，你还可以放声高歌。

💕**傻乐一会儿。**很遗憾，许多人在育儿过程中未能充分使用"幽默感"这个技巧，或许是担心这样有损家长的威严吧。其实不然，你反而能借机教孩子如何用幽默感来化解困境，没准还能把他们逗得哈哈大笑，很快就能冰释前嫌，亲密如初。所以，请继续保持幽默感，讲个笑话，

---

1 迪士尼动画片《冰雪奇缘》的主题曲为《随它吧》（*Let It Go*），另一部动画片《狮子王》的插曲为《哈库呐玛塔塔》（*Hakuna Matata*，意为"无忧无虑"）。——译者注
2 《动物屋》（*Animal House*）是一部美国喜剧片，影片虚构的奥提斯·戴伊与骑士乐队（*Otis Day and the Knights*）演唱了一首名为《沙玛拉玛叮叮咚》（*Shama Lama Ding Dong*）的歌。

做个鬼脸，摆个逗趣的姿势，唱几句搞笑的小曲，或者扭扭身子也不错。我就经常这样搞笑，原本张牙舞爪地准备咆哮，最后却又唱又跳，满口不知所云的傻话，手舞足蹈。当我忍不住想吼孩子时，喊一句"哎哟喂"（*Ay, Caramba*）很管用，可惜我女儿压根就没看过《辛普森一家》[1]。唉，真扫兴。

关于幽默感的技巧还需要说明一点：注意避免嘲讽的语气。在这种时候不应该嘲弄、调侃、刺激或戏弄孩子。情绪激动时，这类反应很容易被误解，甚至适得其反。

💕 **多爱自己一点**。让自己放松一下，多些自我关怀。你要提醒自己，育儿本就不易，感到困难和压力是正常现象。请记住，天底下会吼孩子的父母不止你一个，你用不着事事苛求完美。

💕 **列一张你最喜欢做点什么的清单**。把这张清单贴在冰箱上、浴室镜子上或汽车仪表盘上，再不行就贴在额头上。当你觉察到自己开始变得歇斯底里，情急之下想不起来该做些什么时，这张表一定能有所帮助。

只要做到"觉察""暂停"和"随便做点别的"这三步，

---

[1]《辛普森一家》(*The Simpsons*）是一部美国著名的动画情景喜剧。主角巴特·辛普森有句口头禅是"Ay, Caramba"，为西班牙语感叹词，表示惊讶、恼怒等。——译者注

你就不容易冲孩子大吼大叫。这几步看似很简单，但要做到并不容易，好在勤加练习就会熟能生巧。所以，你必须坚持不懈地练习，不要试了几次觉得不管用就放弃。这就像人刚学走路时会摔个"狗啃泥"，刚学一门新语言时会结结巴巴一样，都是学习过程的一部分，而不是放弃努力的理由。

说了这么多，做了这么多，可我们还是难免会情绪失控，只是不再那么频繁或强烈。这种情况反复出现，十分常见，以至于育儿专家提出一个简短的术语叫"破裂，修补，重复"。事实上，情绪爆发后如何收场在很大程度上会影响你以后是否会再度失控：若处理不好，你在大发脾气后依然会心烦意乱，敏感易怒；若处理好了，你就能很快平复情绪，也就不太可能再度发作。冷处理是件好事，下一章就让我们来谈谈这个问题吧。

第九章

情绪风暴过后

保持善意

保持好奇

与孩子重归于好

你刚刚又乱发脾气了,怎么办?

大多数父母在情绪风暴过后会做出三种不同的反应,尽管具体表现因人而异。有的父母会陷入深深的自责,后悔没有控制好情绪,心里充满了内疚和羞愧。你不难想象他们的内心独白,诸如"我是个糟糕的父母。这是我人生中最重要的事情,可我搞砸了。我太差劲了,我的孩子再也不能健康快乐地成长了"此类。

有的父母事后会努力讨好孩子,竭力弥补亲子关系。他们可能会说很多道歉的话,额外给孩子 15 分钟屏幕使用时间,或者多给一份甜点,却往往避而不谈刚才情绪失控的事,也不解释原因。

还有一些父母会采用"JADED"[1]策略,但这里并不仅仅指精疲力竭、愤世嫉俗而已。"JADED"不是我瞎编的,这个巧妙的缩略词指"辩解"(Justify)、"争论"(Argue)、"防御"(Defend)、"解释"(Explain)和"驳回"(Dismiss)。这一心理过程力求把自己的情绪爆发合理化,比如你的咆哮其实没有那么恶劣,熊孩子确实不可理喻,配偶的航班

---

[1] "JADED" 在此处是个缩略词,直译为"精疲力竭的;厌倦的;腻烦的"。——译者注

不幸被取消了，你和挚友的关系出现了一些匪夷所思的变化，你的膝盖不太舒服，熊孩子的表现确实让人糟心，等等。不仅如此，洗碗机正等着你清理，一会儿也该做晚饭了，此刻每个人看起来都很正常，那就继续过日子呗。

不可否认，这几种反应都有一定道理。孩子有时真的让人糟心，为人父母者难免倍感压力，有时甚至不堪重负。烦人的洗碗机确实需要清理，再说了，给孩子吃点甜食也没什么大不了的，不是吗？没错，但问题是这些做法全都不在点子上，并不能帮你有效应对情绪失控的问题，原因如下：

自我鞭挞的感觉很糟，会让你的心情比之前更差。羞耻感会把你带入情绪的死胡同，将你困在其中，让你找不到出路。羞耻感也是一种强有力的情绪触发器，会让你自责不已，却又不断重蹈覆辙。同理，"JADED"反应也是隔靴搔痒，既不能让你深入了解发生了什么，也不知道下次该如何改进，只会让你陷入精神内耗中。没错，这其实也是一种情绪触发器。

情绪爆发后避而不谈或许能让你暂时好受些，但不会带来疗愈、成长或改变。更糟的是，如果你刻意做一些事情（玩手机、吃巧克力、喝酒等）来分散注意力，只会让自己更加心烦意乱。

消消气

为人父母者难免倍感压力，有时甚至不堪重负。

宠孩子并不会降低你下次乱发脾气的概率，只会让你和孩子暂时好受些。根据我多年的经验，巧克力圣代里并没有藏着解决方案或策略。

在撰写本章的那段时间，我曾在社交媒体上发了一张照片，画面中的电脑屏幕显示"情绪风暴过后"这几个字，便有不少人与我分享了他们的经历。有人说，发飙后总会给孩子道歉（我们稍后会详细讨论这一点）。还有一位朋友留言："也许这是收起雨伞的时候了。"我看了不禁大笑，因为这个画面实在太过生动了，随后意识到这句话不无道理。情绪风暴过去了，如果你还在自我鞭挞、自我辩护或沮丧不已，就像你在雨后还撑着雨伞一样，一直在承受内心风暴的侵袭，这可太糟糕了。

既然如此，收起雨伞，做些新的尝试怎么样？

情绪风暴过后该做些什么

也许你以为我接下来会提供一大堆建议，告诉你在冲孩子发飙后如何修复关系。正好相反，就像你情绪失控与孩子无关一样，平复情绪这件事也与孩子无关，只与你自己、你的情绪触发器和情绪按钮有关。我们就从这里谈起。

首先是冷静下来，这是先决条件。你的身体此刻充满应激激素，需要一点时间来启动副交感神经系统，关闭情绪按钮的电源，让"成人大脑"来重新掌控大局。此时你仍处于激惹状态，如果急于修复亲子关系，很可能你的情绪按钮会再次被按下，本想来个亲亲抱抱，最后却变成一场咆哮。所以，只要孩子是安全的，你就先戴好"氧气面罩"，先照顾好自己再说。

平复情绪的方法很多，比如深呼吸、伸展身体、走开一会儿、简化想法，都可以帮助你遏制脱缰的思绪，安抚躁动的身体。此时"随便做点别的"列表也可以派上用场了，你要多尝试几次，发现做什么事最管用。此外，我还想分享两个简单有效的小策略："自我关怀"和"心怀好奇"。相较于自责，这两个策略不仅更让人愉快，也更有效。

自我关怀

善待自己比你意识到的更有用

我们在第五章探讨过"自我关怀"的话题,希望你曾站在镜子前,用斯图亚特·斯莫利的口吻给自己加油鼓劲(开玩笑啦)。不过,说真的,我希望你尽量给自己更多的关怀。就算你还做不到,至少可以在自我鞭挞时能有所察觉。觉察是第一步,只有意识到你在自我贬损时,才有可能做出不同的选择。这时请切记以下几点:

- 育儿不易,人人如此。
- 犯错也没关系。
- 无论是言语上还是行动上都要善待自己,这是避免在不久的将来再度情绪失控的最有效方法。

如果多年来你一直在自我鞭挞,那么自我关怀对你来说就是一个重大的心理转变。一开始确实很难做到,尤其当你刚刚经历完一阵歇斯底里的情绪爆发后,想自我关怀更是难上加难。请记住,只要尽力就好。冲孩子发火并不是自我惩罚的理由。事实上,自我惩罚于事无补,只会进一步刺激你,让你更有可能开启新一轮的情绪爆发。所谓自我关怀,并不是让你逃避问题或置身事外,而是觉察到自己的痛苦与挣扎,提醒自己并不是在孤军奋战,并善待自己。换句话说，就是换一种思维方式，让你能够清晰地思考问题，做出更好的选择。闲话少说，让我们现在就这么做吧。

心怀好奇

并非只有小孩子才有好奇心

还有一种很有意思的技巧可以让你慢慢平复情绪，那就是心怀好奇。无论是对你自己、情绪触发器，还是对你的臭脾气，你都可以去探究一番。每一场好奇之旅都会唤醒你的"成人大脑"，给自己更多的关怀，并让你看清事情的原委和今后改进的方向。这一过程与自我鞭挞、自我辩解或自我封闭正好相反，就像一个人对你感兴趣，就会想了解你的一切，而不是急于对你评头论足一样。这种感觉很好，对吧？我敢打赌，心怀好奇会让你更心平气和，更乐于与人打交道，更有前进的动力。没错，我们完全可以用同样强烈的好奇心来打量、探索自己。

心怀好奇是一个神奇的技巧，不仅充满善意，还能让我们收获有益的信息，了解自己究竟经历了什么。你的大脑很容易自动跳转到某些消极的想法，比如觉得自己一无是处、孩子不成器等。现在你应该知道如何避开这些陷阱，做出更好的选择了。当你感到好奇，仔细观察和留意自己的所思所感、所见所闻，就会发现一些问题，比如你已经三天没睡觉了，而父母还不断发短信骚扰你，喋喋不休地谈论一年一度的"丑毛衣派对"。一旦意识到这一点，你可能就会把手机调成静音，然后好好睡一觉。这种应对方式比沉湎于自怜有效得多。

　　心怀好奇的好处不止于此，它还是摆脱恐慌的良方。每当你的情绪按钮亮起红灯，开始胡思乱想、骂骂咧咧、即将发飙时，你不妨随便拿一个什么东西来激发好奇心。如果你太紧张了，不知道自己正在干什么以及内心的感受，那就做一些能激发好奇心的事情，比如读悬疑小说、玩拼图，或者只是扫扫地。（没错，扫地也能激发好奇心。尤其是家里有小孩子的话，你可得仔仔细细地检查每一寸地板，除非你想再扫三遍。）做这些事未必能帮助你厘清思路，但至少可以让你的情绪按钮冷却下来。和同情心一样，好奇心也是前额叶皮质的功能之一。每当你对什么感到好奇时，大脑这部分区域就会活跃起来，使你不那么容易情绪失控。

　　当你的情绪慢慢平复后，你就可以怀着好奇心，留意自己的身体、感受和想法。你的肩膀还紧张吗？你还想着逃跑吗？你还想着来一场说走就走的旅行，去看看大海吗？你还是坐立不安、心烦意乱，忍不住对孩子百般挑剔、

乱发脾气前、中、后问自己几个问题

当你可以冷静思考时，不妨怀着好奇心，问自己下面这些问题：

- 我在想什么？有什么感受？
- 我的身体怎么了，是感到疲劳、疼痛，还是需要食物、水或咖啡？
- 是什么惹得我心烦意乱？我的生活中还发生了什么事？
- 眼下的情况是否与特定的日子或年份有关？是不是有什么重要的事件让我倍感压力？
- 我该如何让自己冷静下来？我现在需要什么？我可以暂时放下哪些事情，哪怕几分钟也好？
- 孩子现在需要什么？他们为什么要来招惹我？他们是不是累了、饿了或生病了？他们是不是遇到了什么重要转折或重大变故？那是成长过程中的里程碑事件吗？
- 我可以给谁发短信或打电话求助，让自己休息一会儿？

指手画脚吗？无论如何，请尽量不要自我审判或感到沮丧，只需觉察并保持好奇就行了。随着你对每次情绪爆发后发生了什么有所了解后，你会越来越知道自己该注意什么，包括一些预警信号，让你下次即将爆发时能保持冷静。

心怀好奇也有一个熟能生巧的过程，请多加练习，并记住重点是善待自己，千万别把它误认为是另一种版本的自我责难，比如"我到底有什么问题"，或者"为什么我这次又搞砸了"。这绝不是什么灵魂拷问，如果你觉得自己就像在刺眼的聚光灯下接受审讯的犯罪嫌疑人，不得不承受坏警察的刑讯逼供，那就重温"自我关怀"那个章节，再好好练习一下。

　　心怀好奇是关键的第一步，若想获得最佳效果，就要认真对待。请不要总是打击自己。如果你注意到自己已经12个小时没有去过洗手间，那也不必过于紧张。如果你总是担心尿裤子，自然很难集中精神、保持情绪稳定。如果你意识到自己一连几天都觉得孤独、焦虑或疲惫不堪，就去找个人聊聊吧，主动寻求帮助。如果你有一种挥之不去的感觉，觉得自己爱发飙与童年或以往某段经历有关，请不要置之不理或假装二者不存在关联。否则，这个问题会不断触发你的情绪，直到你认真处理为止。

　　提出问题很难，对症下药更难。说实话，有时想提出

> 消消气
>
> 心怀好奇是摆脱恐慌的良方。

正确的问题都是一件难事。不过,就算觉得毫无头绪也没关系,你也没必要独自面对。阅读育儿图书并写一些育儿心得,有助于你分析和反思自己的经历。请记住,还有不少专家也能帮助你。出于职业习惯,许多治疗师、顾问、教练和神职人员都充满好奇心。当你找到合适的专家时,你会感受到平静和联结,而不是被评判或被审问。

重归于好

如何向孩子示好

我承诺过会谈谈情绪风暴过后如何与孩子重归于好。尽管本书针对的是父母而不是孩子,但这一部分还得谈谈孩子。

强烈的情绪风暴过后,你应该格外关心一下孩子。乱发脾气会让所有人感到混乱和困惑,孩子和你一样会受到激惹。更糟糕的是,孩子的神经系统尚未发育成熟,长期面临压力或频繁的关系破裂可能会造成损伤。此外,受到激惹的孩子更容易去按别人的情绪按钮,这肯定不是你想要的结果,尤其当你努力避免再度情绪失控时。

与父母和其他看护人重归于好是一种非常有效的方式,可以让孩子恢复冷静,觉得踏实和心安。这么做也有助于修复亲子关系。这一点很重要，原因有很多。你可以和孩子聊聊天，让他们理解刚刚发生的事情，以免他们的小脑瓜胡思乱想，认为一切都是自己的错，或者认为自己是"坏小孩"。

与孩子重归于好的方法有很多。道歉就是一个很好的开端。诚恳地向孩子道歉，丝毫无损你作为家长的权威，也不会颠覆家庭的权力关系。你的道歉不仅能加强与孩子的联系，赢得孩子的尊重，还能给孩子做出正确的行为示范，做个好榜样。

此外，为自己的行为道歉并不表示你认可孩子的胡闹，道歉后还会进行批评教育甚至订立规矩，只不过暂时不处理罢了。此时孩子的大脑和身体充满应激激素，你再怎么掏心掏肺、苦口婆心，他们也听不进去，也理解不了。所以，收起你的长篇大论，等大家都心平气和的时候再说吧。有句话说得好："先和好，再引导。"（Connection before redirection.）冷静下来，向孩子道歉，为自己的言行负责。

消消气

> 冷静下来，向孩子道歉，为自己的言行负责。

请注意,不要说这样的话:

"很抱歉我冲你大吼大叫,但我说过多少次了,你不能在家里扔球玩,可你就是不听啊。"

"对不起,我忍不住发了脾气,但你刚才真的太烦人了,你到底想怎么样?!"

就算句子里有"对不起"三个字,也未必是真正的道歉。上面罗列的两个句子就不是道歉,而是伪装成道歉的训斥,不仅你我看得出来,孩子也能懵懵懂懂地感知到这一点。如果你脱口而出的还是这样的话,那你应该先去练习"觉察""暂停"和"随便做点别的"。等你彻底恢复平静后,才能真诚地向孩子道歉。诚恳的道歉应该包含三部分内容:

1. 对自己的不当行为负责。无论你扮演了什么角色,都要承担起相应的责任。

2. 说"对不起"。就这么简单。

3. 面向未来,制订计划。向孩子说明你打算怎么改进,并解释为什么要这么做。

以下这段道歉的话可作为示范:"对不起,我冲你大吼大叫了。你刚才不肯穿鞋,让我很恼火。大吼大叫是不对的,我向你道歉。也许我们应该团结起来,互相帮助。今后你要好好听我说话,而我也会尽量不再大吼大叫,你说好吗?"

关于道歉,我还想提醒以下几点:

💕 **你可以说明或承认自己的感受，但不必为自己的感受道歉。** 你不必说"很抱歉，我感到烦躁、沮丧、疲惫"之类的话。无论多么糟糕，有情绪本身没有问题，但你应该为自己的行为道歉。感受和行为是两回事，你和孩子应该意识到二者的区别。我们都会经历艰难时刻，遭遇情绪危机，但我们要学会控制自己的言行，不要做出过激反应。这是一项极为重要的生存技能（如果你正在读这本书，恐怕在这方面还得多加历练才行）。

💕 **不要轻许诺言。** 不要说"我再也不会乱发脾气了"，因为你根本做不到。（大家都坦诚一点吧。我都写出这本书了，可我还是会时不时吼孩子呢！）你应该做的是制订一个计划，明确该如何逐步改进。当未来变得可预测后，人们知道接下来会发生什么，就会更冷静、更踏实。当然，这里不是说那种"人生规划"的大计，我们只需计划一下从此刻到上床睡觉这段时间该怎么好好生活就行了。

💕 **克制一下，不要长篇大论，也不要过度解释。** 言简意赅，把该说的话说清楚就行了，说得太多只会让人抓不住重点，让孩子费解。如果你还不太明白我的意思，不妨想一想《花生漫画》[1] 里的一位老师，也就是奥兹玛小姐

---

[1]《花生漫画》（*Peanuts*）是一部长篇连载的漫画，1950 年 10 月 2 日开始在美国报刊上登载，直至 2000 年 2 月 12 日作者查尔斯·舒尔茨（Charles M. Schulz）逝世为止。——译者注

（Miss Othmar），她的台词都是"哇哇哇"。当孩子仍心烦意乱时，无论你冲他们说什么，他们只能听到"哇哇哇"。只有过了这阵，每个人都恢复平静后，你才可能找时间和孩子好好谈谈。

💕**就算说不出"对不起"也没关系**。很多人都不太善于道歉，不过，适当练习能有所改善。再说了，你也有很多练习的机会。如果你真觉得困难，那么道歉时可以回避目光接触。如果孩子坐在沙发上，你可以坐在他旁边。如果你们在厨房，你可以站在他身侧。你们也可以在车里说说话。只要在孩子身边就行，不必紧盯着他，也不必靠得太近，令双方都有压迫感。

💕**留意自己是否期待孩子的某种回应**（比如道歉、拥抱等）。当你没得到预期的回应时，就会变得烦躁不安。如果出现这种情况，说明你还没有彻底冷静下来，有可能再度情绪爆发。切记，不要抱怨孩子，觉得他们也应该向你道歉，也要为自己的行为负责，然后喋喋不休地数落。这只不过是换了种方式发脾气，于事无补。你应该退后几步，做几次深呼吸，喝点水，听听音乐，花几分钟让自己慢慢冷静下来，然后再道歉。

诚恳道歉可能是与孩子重归于好的第一步，但你能做的还有很多。修复亲子关系取决于几个因素，包括你这次情绪爆发的强度和时长，你和孩子最近关系如何。比如，

消消气

诚恳道歉可能是与孩子重归于好的第一步,但你能做的还有很多。

你们是否拥有高质量的亲子时光?你是不是经常没时间陪孩子,或者陪孩子时心不在焉,还在为工作、家庭或财务问题而烦忧?如果你觉得与孩子存在隔阂,就更应该努力控制自己的脾气,多花点时间陪孩子,更耐心地对待孩子。

在情绪风暴平息后与孩子重归于好有很多形式,并不是要强迫他们与你共度时光,而是应该处于一种"调试"阶段,需要你调整节奏,尽量与孩子合拍。你可以参考以往的经验,观察孩子面对压力时有哪些对策或反应,哪些做法是有益的,哪些是徒劳的。你知道孩子的感受吗?你了解孩子的需求,并知道如何满足他们吗?有的孩子渴望拥抱,有的孩子则喜欢玩游戏或看书。对有些孩子来说,与他们在厨房里分享一盘小吃,或者只是一起扭扭屁股,就能大大缓解紧张情绪。

不过,有些孩子更喜欢一个人待着,画画、看书或在外面玩。也许你的孩子仍在生气或感到不安,需要休息一段时间才能放松下来，重新打起精神。你应该尊重孩子的需求，给他们一点空间。记住，**此时重点不是关注你自己，而是关注孩子的需求，并尽量给予满足。**

对自己也是一样，你也需要留意自己的需求，并决定在什么时候用什么方式照顾自己。起初你会觉得平衡各方的需求是一件很难的事情，但只要多加练习，就会容易得多。举例来说，如果你已经准备好道歉，但还是心烦意乱，那就尽量找一些时间和空间来进行自我关怀。如果你无暇分身（当然是因为孩子），那就尽量放慢节奏，一次只专注做一件事，多做几次深呼吸。你要相信这一切总会过去的。

如果你能拥有一些独处的空间，孩子也可以理解你的想法了，不妨告诉他发生了什么。你可以说："我觉得又累又烦，也不想再吼了。我需要一些安静的时间。我去休息一下，你可以自己看本书或玩玩具吗？"这么做合情合理，你并没有逃避为人父母的责任，而是在照顾自己，以便能更好地照顾孩子。与此同时，你也在以身示范，教孩子如何处理烦闷的情绪。

维护和滋养亲子关系的最后一步是尽量减少情绪失控的次数。虽然亲子关系会不断陷入"破裂，修补，重复"的循环，但关系破裂毕竟很伤人，如果经常发生，会影响亲子之间的感情与信任，无论你如何努力修补，都很难恢复如初。所以，每次情绪爆发后，你都要好好反思究竟发生了什么。自我觉察是推动改变的第一步，也是关键的一步。究竟是什么激怒你了？你最近有没有坚持做减压练习？接下来几天，你打算做些什么来管理或减少你的情绪触发器，并照顾好自己？为了改善情绪，你还有什么长期计划吗？请务必对自己诚实：只有坦然面对现实，迎接挑战，才能采取有效行动。

现在不是审判自己或责备自己的时候，那样只会适得其反。心怀好奇和自我关怀是最好的选择，它们可以让你保持头脑清晰并拥有敏锐的洞察力，找到前进的方向。切记，你不是"坏父母"，只是在从事一份难度极高的工作时，未能获得有用的信息、资源和支持而已。幸好一切都不算太晚，你现在改变还来得及。

祝贺你读到这本育儿指南的尾声了！从某种意义上来说，这足以说明你是很不错的父母，哪怕你最近又冲孩子乱发脾气了。全书涵盖了大量的信息，既分析了情绪失控背后的神经科学原理，又介绍了我没有申请专利却行之有效的应对策略——"觉察""暂停"和"随便做点别的"。希望你读完本书后能受到鼓舞，做出一些改变，开始寻求支持，努力做到"一心一用"，并减少屏幕使用时间。如果你觉得千头万绪，不知从何做起，那也没关系。改变确实很难，尤其是你这半年都没睡过一次好觉，那就更难了。我懂，所以在附录归纳出全书的要点，还提供了一些入门建议，你只需翻到下一页查看详情即可。

说到这里，请务必牢记：为人父母对任何人来说都绝非易事，在情绪失控这个问题上，你绝对不是个例。若你希望世界对你的孩子温柔以待，也请你以同样的善意和耐心来对待自己吧！这是一个很好的开始。

附 录

控制情绪，少发脾气

全书要点与实践技巧总结

哇,太好了,你已经读完这本书了!也有可能你跳过前面的内容,直接翻到这里。无论如何,你都很棒。我在书中探讨了很多内容,有必要把全书要点做一个总结,以便你随时查阅,不必从头到尾再读一遍。

最重要的几点内容:

1. 在育儿问题上,你可以做得很好,也有可能随时搞砸,二者并不矛盾。

2. 育儿是非常艰辛的历程,对任何人来说皆如此。如果你未能获得正确的信息、足够的支持、丰富的资源和适度的休息,迟早会崩溃。这不是因为你是"坏父母",而是因为你是一个凡人。

3. 凡事都会熟能生巧,只不过有些是好习惯,有些是坏习惯罢了。

4. 我们的目标是取得进步,而不是达到完美。苛求完美反而会把事情搞砸。

5. 人人都有情绪触发器。所谓情绪触发器，是指任何可能惹得你冲孩子发火的事物。情绪触发器让你的情绪按钮变得更大、更亮、更敏感，也就更容易被按下。

6. 从技术上来讲，孩子既可以是情绪触发器，也可以是情绪按键人。就本书的写作目的和读者对象而言，我们主要把孩子视为情绪按键人，因为他们不停地按我们的情绪按钮。

7. 识别自己的情绪触发器是消除其影响的第一步。有所觉察后，你就能接受情绪触发器是真实存在的事实，它们确实点亮了你的情绪按钮。先觉察后接受，然后采取有效行动。

8. 四个务必做的减压练习是"一心一用""睡眠充足""寻求支持"和"自我关怀"。

9. 还有几个减压练习也能让你临危不乱、保持冷静，即简化生活、伸展身体、保持安静、放慢脚步、感恩和深呼吸。

10. 除了管理好你的情绪按钮外，你还应该与孩子保持一定距离，包括空间距离和心理距离。这可不是不负责任的育儿方式，正好相反，当你能喘口气后，陪伴孩子时会更投入、更有耐心，也更不容易乱发脾气。

11. 下次濒临崩溃或已经崩溃时，你要做的就是"觉察""暂停"和"随便做点别的"。请戴上"氧气面罩",开始呼吸吧。

12. 你总有办法恢复平静,哪怕你刚刚发过脾气。"自我关怀"与"心怀好奇"是两个非常有效的策略,它们能让你冷静下来,并有助于你在情绪风暴过后修复亲子关系。

13. 育儿问题严肃到不能用太严肃的眼光来看待,能轻松一笑时就尽情笑吧。

实践出真知

现在是时候拿出纸和笔,把你脑海浮现的想法或主意都写下来。捋顺思路能让你更清晰地思考,也能在头脑发热时想起"情绪触发器""减压练习""随便做点别的"这些概念。

以下建议基本上是按照它们在书里的顺序来呈现的,但你不必拘泥于此,能练就练,想练就练吧。

保持觉察,摒弃那些"坏父母 / 坏小孩"的胡思乱想。这些消极的想法会把你压垮。就算你不得不在 60 分钟内驱逐这些想法 60 次,那也好过你沉溺其中无法自拔。

罗列你的情绪触发器。请复习第三章(如有必要,还可查阅下文《超长的潜在情绪触发器清单》),并考虑生活中遇到哪些大大小小的烦恼或危机,留意自己每次吼孩子时发生了什么。请记住,生活中其他情绪触发器也会点亮你的情绪按钮,使之更容易被孩子按下。

觉察自己的"症状"。你怎么知道你的情绪按钮亮着,一触即发呢?你是脸颊发烫,呼吸急促,还是肩膀高耸呢?你是不是变得烦躁易怒、尖酸刻薄?你有没有产生逃跑的念头?识别"症状"就已经迈出一大步,有助于你安抚情绪,保持镇定。

尽量做到"一心一用"。一次只做一件事能减轻压力,还能降低丢失钥匙、乱发脾气的频率。选择一两件喜欢做的日常事务(比如洗澡、喝咖啡、读书给孩子听、锻炼身体等),尽量做到全情投入。总之,你要竭尽所能让身心协调一致,尤其在陪伴孩子时更应如此。

做好各种预案能避免瞬间崩溃。

要不多睡一会儿?要不每周请人代为照顾孩子一晚?要不做一个"感恩练习"?哪些减压练习最有助于你管理好情绪触发器?眼下什么烦心事最容易处理?你要记住,改变不仅需要时间,还需要不懈努力。当你遇到挫折时,请放自己一马,这样更容易振作起来。

制订计划,以便获得一些个人空间,与孩子保持一定距离。与你的社会支持系统和伴侣(如果有的话)聊聊,商讨合适的方案。你要记住,这不仅对你有好处,对孩子也有好处,对你们的关系也是如此。

觉察、暂停和随便做点别的。跟我重复一遍：觉察、暂停和随便做点别的。也许你的情绪随时会爆发，或者你正在大发雷霆，或者你刚发完脾气，需要冷静下来，修复你与孩子的关系——此刻"觉察"就是你的超能力。这是一个神奇的时刻，能让你暂停，做几次深呼吸，恢复平静，然后随便做点别的。

列一张"随便做点别的"清单。重温一下第八章的内容，把你能想到的各种管用的办法都写下来。把这张清单贴在冰箱上或镜子上，或者干脆贴在孩子的脑门上。你要记得时常复习哦。

别忘了，你仍难免会情绪失控。不过，在情绪风暴过后，你可以采取一些措施来避免短期内重蹈覆辙。这个阶段的关键是"自我关怀"。把用来劝慰好友的话写下来，适当的时候也讲给自己听。你要提醒自己，育儿对任何人来说都很困难，谁都有忍不住吼孩子两句的时候。

你还可以满怀好奇去了解正在发生什么，无论是对你自己还是孩子都这样。究竟发生了什么事？你此刻在想什么？你有何感受？你有什么需求？孩子有什么需求？你上次吃东西是什么时候？你什么时候睡过整宿安稳觉？你最近做过什么有趣的事吗？你现在该怎么照顾好自己，然后照顾好孩子（注意先后顺序）？

与孩子重归于好。先让自己冷静下来，然后再好好道歉。切记，亲子关系经常陷入"破裂，修补，重复"的循环，请遵循"先和好，再引导"的原则。

当所有方法都未能奏效时，请记住，好父母不必尽善尽美，就连那些最出色的父母也有忍不住发火的时候。做做深呼吸吧，你一定行。

超长的潜在情绪触发器清单

如果你实在难以辨识自己的情绪触发器，我这里总结了一份超长的清单以供参考，但愿对你有所帮助，而不是徒增烦恼。如果你在阅读过程中发现自己有些心烦意乱，请停止阅读。放下书本，你可以去撸撸猫，呼吸点新鲜空气，等状态好些了再读，想一下是什么点亮了你的情绪按钮。无论是在日常生活中，还是在尤为艰难的危急时刻，识别情绪触发器都是如何引导自己冷静下来的第一步。

个人基本需求：

- 饥肠辘辘并"饿极成怒"（因太饿而怒气冲冲）
- 缺乏规律的锻炼和运动
- 缺少休息时间、闲暇时间或独处时间

- 睡眠不足，倦怠，疲劳
- 饮食问题：吃太多垃圾食品或其他不利于健康的食品，西蓝花、抱子甘蓝摄入不足

感官刺激（大人、小孩皆适用）：

- 家里或工作场所凌乱不堪
- 混乱状态，尤其是处于过渡期
- 响声或突如其来的噪声（未必是孩子发出的）
- 刺眼的光线或闪烁的灯光
- 刺鼻或难闻的气味（未必来自孩子）
- 浓烈或难吃的味道
- 过多或过于频繁的身体接触（如上，对象未必是你的孩子）
- 衣着不适导致瘙痒，或者面料太粗糙、衣服太紧身等
- 仓促或手忙脚乱的状态
- 身处拥挤的人群中
- 身处狭小的空间
- 太热或太冷
- 强烈或令人不快的情绪，包括愤怒、难过、焦虑、沮丧、无聊、后悔、恐惧、悲痛、困惑、内疚、羞耻、怨恨、喜悦、兴奋、期待和爱

巨大的压力：

- 存在注意力问题，比如容易分心、做事缺乏条理
- 长期处于压力下，经常忧心忡忡和过度劳累
- 经常处于着急忙慌的状态
- 有做不完的琐事、任务和家务
- 经常忘事、丢东西或失手打破东西
- 在个人生活、育儿和工作中缺乏足够的支持
- "一心多用"，尤其是在照顾孩子时
- 日程安排过多，长期处于忙碌的状态
- 不停看手机和玩手机

社交媒体造成的压力：

- 看到意想不到的坏消息
- 想起伤心往事
- 得知自己被社区排斥，或者错过什么社交活动
- 看到别人分享的信息或建议后，对自己的育儿方式产生怀疑
- 不巧勾起你的脆弱之心（例如，看到别人度假的奢侈画面，不禁想起自己眼下面临财务压力）

❤ 经常看到一些骇人听闻、匪夷所思或令人不安的新闻报道

❤ 在网络聊天中遭人误解，或者听到一些粗鲁或令人不快的言辞

❤ 遭遇网络骚扰或网络霸凌

家庭与人际关系问题：

❤ 来自家庭的压力，包括小家庭或大家族里的矛盾、虐待或其他未解决的问题

❤ 来自婚姻或人际关系的压力，可能是频繁的争吵或言语冲突，也可能是肢体冲突或家庭暴力

❤ 拜访或招待不好相处的亲戚

❤ 离婚、再婚或重组家庭

❤ 上有老下有小——既要照顾年迈的家人，又要养育孩子

育儿方面的挑战：

简要回顾第三章内容：虽然孩子会激惹你，但本书主要将孩子视为"情绪按键人"，而不是情绪触发器。育儿过程中会遇到某些特别大的挑战，这很正常。你的情绪按钮

属于你，管理好它们是你的职责所在

💕孩子有生理、行为、发育、注意力或情绪方面的问题，可能已经持续了很长时间，甚至还很严重

💕孩子正处于某个特定的年龄段或发展阶段，如果你小时候在那个阶段也很难熬，此时就会很难应对

💕孩子们经常争吵或竞争

💕遇到一些无法预料的新问题，不知如何应对

💕工作与育儿难以兼顾的压力

💕全职在家带孩子的压力

💕担心孩子的发育或行为表现是否正常

💕孩子的行为与成长未能达到你的预期

💕来自其他父母或家人的压力与评价——那可能是真实的，也可能是你假想的

💕担心自己的育儿方式是否正确，对自己的育儿能力缺乏信心

💕不想参加却又不得不参加的活动或事务

💕假日或假期（对我来说就是"带娃旅行"）

💕雨雪天气、生病请假或其他意想不到的原因，让你不得不留在家里照顾孩子，或忙不迭地请人照顾孩子

💕单亲家庭，无论是出于自主选择，还是因为一方去世、离婚、服役或其他原因

💕经常冲孩子发火（没错，这可能是被激惹的后果，

也有可能成为新的情绪触发器）

本人或家人的重大生活事件：

许多重大生活事件会让人感到痛苦、快乐或不堪重负。记住这一点很有用：哪怕是最开心的事情也有可能激惹你，也许会让你想起某段痛苦的回忆，或者对未来充满忧虑。

- 怀孕
- 生育或领养孩子
- 孩子的成长变化（比如学走路，进入青春期等）
- 孩子上学或升学
- 孩子的洗礼或命名仪式
- 孩子的成人礼
- 孩子拿到驾照了（哎哟喂！）
- 毕业
- 上大学
- 找到第一份工作或换工作
- 离家独自生活
- 结婚
- 退休
- 逝世

一些日常、月度或年度事件：

- 具体时刻（"早起的鸟儿"与夜猫子的作息差异；三更半夜）
- 周年纪念日（里程碑事件、结婚纪念日、忌日等）
- 生日
- 节日（圣诞节、感恩节、母亲节、父亲节等）
- 季节变化，包括季节性情绪失调（Seasonal Affective Disorder，简称 SAD）
- 与天气有关的压力源

财务压力及其相关挑战：

- 周转不灵
- 债务
- 收入不够高
- 不稳定或不可靠的交通手段
- 住房缺乏保障，或者居住空间不够宽敞
- 无法为自己和家人找到优质医疗服务，或者负担不起费用
- 无法为孩子提供优质的教育，或者负担不起费用
- 入不敷出

工作与就业压力：

- 失业或不充分就业
- 枯燥乏味的工作
- 排班时间不合理或不固定
- 缺乏专业支持
- 最后期限
- 责任重大
- 滥用职权的主管或态度恶劣的同事
- 条件恶劣的工作环境

本人或家人的心理健康、精神疾病与成瘾问题：

- 酗酒、吸毒、药物滥用或其他成瘾问题
- 焦虑症、恐惧症或强迫症
- 抑郁症、双相情感障碍或其他重大精神疾病
- 注意缺陷多动障碍或相关的执行功能障碍
- 童年有过成瘾、被虐待、被忽视或照顾不周的经历
- 有过创伤或创伤后应激障碍
- 对网络、游戏、色情或赌博过度沉迷或成瘾
- 有过自残或自杀的念头

本人或家人出现身体变化或健康问题：

- 慢性疼痛和慢性疾病
- 确诊患有重大疾病或可能改变生活的疾病
- 发育障碍或身体残疾
- 常去医院、诊所、急诊或急救中心
- 流产或不孕不育
- 因月经周期、怀孕、围绝经期或绝经期引起的激素变化
- 需要密切关注或警觉的过敏症
- 小病小伤或病毒感染导致孩子不能上学，父母需要放下工作陪着
- 受伤
- 感冒、流感或在孩子入托前从未听说过的奇怪病毒

社区和环境带来的压力与压迫：

- 在家里、职场或社区受到系统性或个别人的种族歧视、同性恋恐惧症、厌女症、体能歧视或其他形式的压迫
- 住在不安全的社区或街区
- 因政治或法律问题产生焦虑与压力

危机与创伤:

- 发生事故并受伤
- 被监禁
- 丧亲或失去某物(包括宠物)
- 发生大规模枪击事件(为什么还在发生这种事情呢?)
- 自然灾害(地震、火灾、水灾、风暴等)
- 失去托儿服务
- 失去工作或就业机会
- 失去住所或搬家
- 意外确诊某病

能让人少抓狂的超棒育儿书单

- 《不奖不罚:如何让难管的孩子拥有自控力》(*The Good News About Bad Behavior: Why Kids Are Less Disciplined Than Ever—And What to Do About It*),作者:凯瑟琳·雷诺兹·刘易斯(Katherine Reynolds Lewis)

- 《在焦虑的世界里养育不焦虑的孩子》(*The Happy Kid Handbook: How to Raise Joyful Children in a Stressful World*),作者:凯蒂·赫尔利(Katie Hurley)

❦《因为是爸妈，你值得轻松快乐每一天：不需要多做什么，只要改变观念和方法》(How to Be a Happier Parent: Raising a Family, Having a Life, and Loving (Almost) Every Minute)，作者：KJ·戴尔安东尼亚（KJ Dell'Antonia）

❦《别理他！你的焦虑是因为对孩子关注太多》(Ignore It! How Selectively Looking the Other Way Can Decrease Behavioral Problems and Increase Parenting Satisfaction)，作者：凯瑟琳·珀尔曼博士（Catherine Pearlman, PhD，执业临床社会工作者）

❦《为母则刚——如何从怀孕到为人父母一直保持健康、快乐和理智》(Strong as a Mother: How to Stay Healthy, Happy, and (Most Importantly) Sane from Pregnancy to Parenthood: The Only Guide to Taking Care of YOU!)，作者：凯蒂·罗普（Kate Rope）

❦《由内而外的教养：做好父母，从接纳自己开始》(Parenting from the Inside Out: How a Deeper Self-Understanding Can Help You Raise Children Who Thrive)，作者：丹尼尔·西格尔博士（Daniel J. Siegel, MD）、玛丽·哈策尔（Mary Hartzell）

❦《极简育儿法：用极简的力量培养更平静、更快乐、更有安全感的孩子》(Simplicity Parenting: Using the Extraordinary Power of Less to Raise Calmer, Happier, and More Secure Kids)，

作者：金姆·约翰·佩恩（Kim John Payne）、丽莎·罗斯（Lisa Ross）

💕《把坏脾气收起来》（*The Tantrum Survival Guide: Tune In to Your Toddler's Mind (and You Own) to Calm the Craziness and Make Family Fun Again*），作者：丽贝卡·施拉格·赫什伯格博士（Rebecca Schrag Hershberg, PhD）

还有我的两本书：

💕《正念养育：如何专注于真正重要的事情》（*Parenting in the Present Moment: How to Stay Focused on What Really Matters*）

💕《正念练习：如何提升孩子的专注力》（*Ready, Set, Breathe: Practicing Mindfulness with Your Children for Fewer Meltdowns and a More Peaceful Family*）